人联网®

开启个性化避险新时代

李玉田 ◎ 著

互联物联更需人联
人联网已来临，你我让它流行！

中国商务出版社
CHINA COMMERCE AND TRADE PRESS

图书在版编目（CIP）数据

人联网 / 李玉田著. -- 北京：中国商务出版社，2022.7

ISBN 978-7-5103-4071-0

Ⅰ. ①人… Ⅱ. ①李… Ⅲ. ①区块链技术－应用－保险业－网络营销－研究－中国 Ⅳ. ①F842.4

中国版本图书馆 CIP 数据核字（2021）第 265245 号

人联网——开启个性化避险新时代
REN LIAN WANG——KAIQI GEXINGHUA BIXIAN XINSHIDAI

李玉田　著

出　　版：	中国商务出版社
地　　址：	北京市东城区安外东后巷 28 号　邮　编：100710
责任部门：	商务事业部（010-64269744　bjys@cctpress.com）
责任编辑：	周水琴
直销客服：	010-64266119
总 发 行：	中国商务出版社发行部（010-64208388　64515150 ）
网购零售：	中国商务出版社淘宝店（010-64286917）
网　　址：	http://www.cctpress.com
网　　店：	https://shop162373850.taobao.com
排　　版：	廊坊市展博印刷设计有限公司
印　　刷：	北京文良精锐印刷有限公司
开　　本：	880 毫米×1230 毫米　1/32
总 印 张：	11.875
总 字 数：	194 千字
版　　次：	2022 年 7 月　第 1 版
印　　次：	2022 年 7 月　第 1 次印刷
书　　号：	ISBN 978-7-5103-4071-0
总 定 价：	134.00 元（全二册）

凡所购本版图书如有印装质量问题，请与本社印制部联系（电话：010-64248236）

版权所有盗版必究（盗版侵权举报可发邮件到本社邮箱：cctp@cctpress.com）

推荐序1 你对风险做到有备无患了吗？

在生活中，我们会遇到这样的场景：家里的某位至亲得了恶性肿瘤，必须住院开刀治疗，不然命不久矣。

对于这种突然而来的意外，两个不同的家庭会有不同的表现：一个家庭惊慌失措，兄弟姐妹们勉强顾及自身的小家庭，实在拿不出这么多钱，只能每一个人都凑一点。昂贵的治疗费用，让兄弟姐妹们元气大伤，让原本不富裕的家庭雪上加霜。另外一个家庭处理此事，却是不慌不忙，有备而来。因为他们为患者购买了重大医疗避险产品，而这种恶性肿瘤疾病正在保障的范围之内。

所以，面对人生的意外，同样的风险，有准备的人和没有准备的人，完全是不同的对待方式，结果自然也截然不同。

"双减"政策对于教培机构来说是灭顶之灾，新东方市值蒸发2000亿元，财富缩水90%。但是新东方依然从容不迫，因为俞敏洪知道，足够的现金储备才是企业应对一切风险的根本，为此他早做了准备。而在房地产行业，随着政策和银根的收紧，很多房地产公司都出现高额负债，甚至一些企业出现资金链断裂而倒闭，其根本原因在于没有做足寒冬来临时的资金准备。

无论是个人，还是企业，应对风险最有效的手段就是准备。但是怎么做好准备？

每个人的资源都是有限的，不可能事事都做准备。所以，依靠大数据、云计算等技术对风险进行预见，精准地把我们有限的力量投放到应该准备的项目上去。

只有可预见，才可能做准备；而有了准备，风险就不再可怕了。

人联网表达的就是这种准备的概念，它以大数据、云计算来进行数据的采集分析；以人工智能、传感器技术对风险物进行监控、可视化等；以区块链技术对信息进行扁平式的管理，做到信息的不可篡改，并对信息进行追溯，保证信息的真实、有效、安全；以原宇宙技术对现实世界进行虚拟和复制。现实中可能出现的问题，在虚拟世界中先行一步得到试演与验证，从而先现实一步，为预见现实世界的风险提供了可能性。

人联网有三个应用实践的功能：

第一，无限分层。从国家、城市、乡镇、农村到各户各人等，无限层级分布下来，实现数据的纵向贯通；把各行各业横向联结在一起，实现数据的广泛分布与联结。

第二，精准搜索。人联网既可以对整个行业的数据进行采集与搜索，也可以对行业的细分领域进行搜索。既可以对群体的数据进行搜索，也可以对个人的兴趣、能力、行为、习惯进行精准搜索，并将这些搜索到的信息匹配、发送到相应的客户手里，从而为他们提供更好的服务。

第三，大数据管理。这种管理就相当于"智脑"，有无限的触手，既是扁平式，也是集中式。从这个角度来讲，人联网非常像章鱼。云计算、大数据就是章鱼的大脑，它的八只触手呈无限分布的网状结构。每只触手里面都有一个大脑，触手的吸盘可以自行感知、抓取，并通过触手的大脑进行分析与判断，最终将数据储存到章鱼的大脑之中。即便有一只触手断了，它还能重新修复生长。

人联网最终实现的结果是：利用先进的科技帮助人们预知风险，从而做出准备，直至将风险扼杀于摇篮之中。从风险的预见到准备，人联网有一整套的精算机制、分析机制和决策机制。

风险无处不在，但人联网能够提前测知，实现大险化小险、有险化无险。玉田兄的著作让我们看到未来的避险企业或个人应对风险时的总体思想与具体方案。若是能花时间读一读本书，相信会对大家有所帮助。

新华医药公司副董事长　李佳英

推荐序2　企业永续发展的秘密

看了李玉田老师撰写的《人联网》，如沐春风，沁人心脾，深受启发。根据《人联网》介绍，客户在网上可以自主选择保单，避险业务人员不再需要介绍险种，只要解释一些深层次的避险原理，解答客户有关人身安全、妻财子禄、吉凶祸福等方面的疑惑，回答客户有关应该规避哪些风险的问题。而要解答客户的这些疑惑或问题，就要提高风险理财师的业务水平。

社会生产、生活都应以人为本，以人为起点，以人为终点。努力，能决定一个人的命运吗？不一定！一个人的心智往往能决定一个人的命运。你会不会感到很意外呢？心智，是拉开人与人之间距离的核心因素，是影响人生吉凶祸福的关键。如果想要回答客户的问题，就一定要帮助客户从认识心智开始。

心智有以下八个阶段：(1)自我觉察；(2)自我反思；(3)掌控情绪；(4)知行合一；(5)专注忘我；(6)舍己利人；(7)找到自己；(8)认识他人，认识他物。

李玉田老师创建的人联网，开启了个性化避险的新时代，体现了中华优秀传统文化的应用价值。我们应该让中华优秀传统文化在全世界独领风骚。

是为序

厦门保险协会中介委员会主任　杨红君
2020年11月

前言

2008年,我出于好奇,走进新华寿险集团,不是来卖保险,而是来"玩保险"。风险来了,如台风、海啸、地震、重疾,其破坏力有时超过人们的抵抗能力。人们只能避险,怎么还去保险呢?我暗自佩服中国古人的聪明和财智。据英国维克多·多弗撰写的《海上保险手册》记载,公元前3000多年,中国商人就在水运中采用了分散风险的措施。中华传统文化倡导人们要趋吉避凶。风险无处不在,趋吉避险是人类永恒的追求。

写出来的文字是符,叫出来的声音是咒,是有能量的。保险只看到险的一面,没看到转吉的另一面,是单向思维。为什么叫保险呢?我认为有两种可能:第一,西方人认为中国人落后、饥不择食,给中国人一个符咒,叫保险,让中国人越保越险。第二,保险和避险汉语拼音的首字母都是B和X,翻译时弄错了才叫保险,几十年叫下来,也就习惯了。

保险人员问:"买保险了吗?""买了。""买的是重疾险还是意外险呢?""买了重疾险。"多不吉利。发生重疾,我们要想方设法去避,而不是保,更不能买。我们换一个角度问:"避险吗?避的是意外险还是重疾险?"这样听起来会不会更舒服一点呢?

面对新冠肺炎疫情,东西方的处理方法截然不同,这体现了东西方的观念之差。东方人将步入时代舞台的中央,应该把"保险"的叫法改过来,叫做"避险"。避险源自中国,是中国的发明创造。保险公司不改变,我们就改变保险公司。

李玉田

2021 年 12 月

目录

第1章
避险行业发展历程　　001

第1节　为什么要发展避险行业　　002
第2节　避险的原理　　013
第3节　避险的作用　　022
第4节　避险的类型　　030
第5节　避险的五大功能　　036

第2章
避险行业如何触网　　047

第1节　避险行业存在的问题　　048
第2节　人生遇到三大坎：意外、重疾与变老　　063
第3节　人联网在避险行业中的三控　　078
第4节　培养个性化避险人才　　083

第 3 章
人联网避险如何个性化定制 089

第 1 节　人联网避险的核心任务　090
第 2 节　人联网科技赋能避险行业　099
第 3 节　人联网对避险公司的好处　111
第 4 节　量子健康仪器在健康检测方面的应用　117

第 4 章
人联网时代避险行业的应用场景 125

第 1 节　储蓄型避险　127
第 2 节　保障型避险　130
第 3 节　教育型避险　136

第 5 章
人联网避险的新业态 141

第 1 节　人联网避险的新风险与新监管　142
第 2 节　人联网避险的设想　149

后记　159
读者推荐（下）　162

第 1 章

避险行业发展历程

第1节 为什么要发展避险行业

天有不测风云，人有旦夕祸福。福祸相依，风险难料，未来难卜，但我们可以防患于未然。为了防范无处不在的风险，人类创造了避险。随着社会的进步，避险行业也在不断与时俱进。

中华文化近代落伍，西方继承人类的避险思想，演变成保险。我想先树立一个新的理念——那就是化"保险"为"避险"。既然"保险"已经成为家喻户晓的通用名词，又为何要换一个新说法呢？

1. 保险为什么要改为避险？

虽然对现在的人们来说，"保险"已经是个常见的通用词汇，但其实"保险"这个用词是个舶来品，是西方词汇的翻译。除了保险外，直销、会销、连锁、股票、证券、房地产、电信、互联网……这些大家耳熟能详的名词，也都是从资本主义国家引进来的"新鲜"事物。从人类社会进展形态来看，保险是资本主义社会发展的产物。

中国的资本主义社会时期太短，或者可以说，我们是跳过资本主义社会直接进入社会主义社会。作为资本主义产物的保险，在国内的发展自然也就比不得国外那么普及了。坊间常有一种说法,说中国人大多没有保险意识,其实不然。中国人其实最有保险意识,这从我们的日常用的许多成语中就能看出来。比如"居安思危""思则有备""有备无患",这三个成语都是强调忧患和保险意识,在《左传·襄公十年》中还有大量这样的例子——"宜未雨而绸缪,勿临渴而掘井""人无远虑,必有近忧""生于忧患,死于安乐""防患于未然""为之于未有,治之于未乱""凡事预则立,不预则废"……这些换作现代的说法,就是在教导人们"不做风险管理,就是做危机处理,要么积极准备,要么仓皇面对"。

由此可见,中国的风险管理其实有着相当悠久的历史。中国古人最早进行风险管理的方法是周易,每天早起第一件事就是算上一卦,看看今天适不适宜出门。从科学的角度来说,周易其实是一种预测学。和周易相比,风水则是一种预防学——如果担心出事,就画个符塞到口袋里,以尽量防

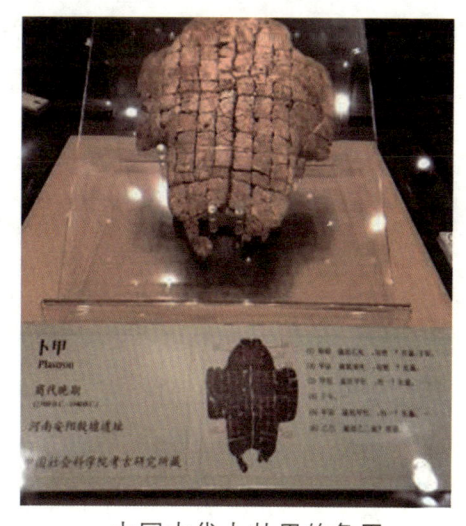

中国古代卜卦用的龟甲

备出事……

这种风险管理手段流传至今，也逐渐成为一种传统习俗，例如，结婚的时候看日历选吉日等。不过比起神秘力量，它对人心理方面的积极暗示可能更为有效。因此，你会发现，就算选了日子挂了符，有时候该发生的事情还是会发生。不少老一辈遇到这种情况，便会告诉你两个字的金句秘诀——"认命"。但到了今天，我们完全可以用现代的避险方式去转嫁风险、分担损失，最大限度地减少不良影响。

从某种角度上来说，避险也是一种符咒，而且是有能量的符咒，可以保护我们免受一定风险。然而，一旦风险大于人们的自我保护能力，我们就只能选择回避。面对过大的风险，如是沿用西方"保险"一词，字面就会人联想到"保住风险"，风险我们"避"都来不及了，又怎么会去"保"呢？所以，改"保险"为"避险"才是正途。

西方人在避险意识方面显然不及中国，他们在财富处理方式上，发明了信用卡，经常寅吃卯粮而不懂得储蓄。一旦发生经济危机或自然灾害，个人或家庭就会受到严重的影响，甚至破产。这样的及时行乐，有多少钱花多少钱，甚至没有钱而用信用卡花费的行为，导致西方人在避险思维上没有中国人的忧患意识，是一种被动的避险思维。

而纵观中华文化，我们几千年来一直讲究趋吉避凶，而这趋吉避凶其实是一个辩证的概念，正反向思维，其中"避凶"包含"避险"，凶比险更严重。这是中国传统的中庸智慧（矛盾统一达到的平衡谓之中庸），而西方的"保险"概念中就只有单一的"风险"，无法像东方人能做到以趋吉为目标的主动避凶和避险，甚至还可以转危为安，否极泰来，坏事变好事。新冠肺炎疫情实质上是人与微生物的第三次世界大战，充分展现东西方应对危机的处理方式方法的不同、避险和保险的本质差别。观念的错误，使得努力百年的帝国瞬间坍塌。历史是胜利者书写的，西方把近代发明创造都写成他们的成就。计算机的二进制是受中华文化阴和阳(0和1)的启发而发明的。科学无国界，谁敢说保险的起源不是受中华文明趋吉避凶的启发而创立的呢？西方的"保险"与东方的"避险"意义相差甚远。由于中国近代落伍，没有给"避险"穿上现代科学的马甲，使"避险"科学发扬光大。如今，中华子孙将给避险穿上最新科技的马甲，避险思想继续为人类做出更大的贡献。西方继续去保他们的险吧！我们传承中华前贤的智慧。

综上来看，我们还是应当回到老祖宗5000多年前的提法——"避险"，也就是趋吉避凶，如此才更贴近中华传统文化的根本。

2. 避险的起源与本质

所谓避险,其实就是一种保障机制,一种用来进行风险管理的基本手段。

从起源开始,人类社会就面对着各种自然事故和意外事故的侵扰。人们试着用各种手段与自然抗争,在漫长的岁月中,也就逐渐萌生出了对付灾害事故的避险思想和原始形态的避险方法。

我国很早就产生了避险思想和救济后备制度。英国人维克多·多弗的《海上保险手册》上曾经记载过,早在公元前3000多年,中国的商人就在水运中采用了分散风险的措施。由于扬子江水域水流湍急、河道复杂,途经此地的船商们在运送货物时,就将各自的货物分装在不同的船只上,这样就算有个别船只遇难,货物也不会全军覆没,以避免遭受全部损失。这种分舟运米是人类有记载以来最早的当代避险理念的雏形,也是避险起源的最早实例,体现了现代避险和风险管理的一些基本原理。

除了避险起源的最早实例外,中国还有着最古老的社会避险思想。

根据《逸周书文传》记载,早在夏朝后期,就有"天有四殃(殃),水旱饥荒,其至积聚,何以备之"之说。《礼记·礼运》

也表示,要"老有所终,壮有所用,幼有所长,矜寡孤独废疾者皆有所养。""大道之行也,天下为公。选贤与能,讲信修睦,故人不独亲其亲,不独子其子,使老有所终,壮有所用,幼有所长,矜寡孤独废疾者,皆有所养。"从这些文字记录中,不难看出我国古代对于安定生活的强烈愿望。

春秋战国时代,《墨子·非乐》:"必使饥者得食,寒者得衣,劳者得息。"孔子更是提出了"耕三余一"的储粮思想。他认为,如果每年能将粮食收成的三分之一储存起来,连续三年就可以存足1年的粮食。这样不断地储存下去,27年可以积存9年的粮食,就能够实现太平盛世。

我国古代保险思想和救济后备制度

- 据《逸周书文传》记载,早在夏朝后期,就有"天有四殃(殃),水旱饥荒,其至无时,非务积聚,何以备之?"之说。
- 公元前3000年,我国长江流域的一些粮食商人在运输中常采用"分舟运米"的办法,这是水险起源的最早实例(据英国维克多·多弗《海上保险手册》记载)。
- 孔子主张"老有所终,壮有所用,幼有所长,鳏寡孤独废疾者得食,寒者得衣,劳者得惜。"
- 我国古代历代有储粮备荒,以赈济灾民的传统制度,这些都是由政府统筹,带有强制性质。如"平籴"(战国)、"常平仓"(汉武帝)、"义仓"(隋唐)等。

事实上，我国各朝各代都很重视积谷备荒。早在西周时期，就已经建立了后备仓储。春秋时期逐步建成"委积"制度，汉文帝首次建立比较成型的积谷防饥措施——"常平仓"制度，隋文帝则建立了"义仓"和"官仓"制度。

沿用至今的常平仓

如果说上面这些都是由政府统筹、带有强制性质的救济后备制度，那么宋朝和明朝民间出现的"社仓"制度，可就是不折不扣的相互避险形式了。

此外，早在公元前249年，也就是秦王征伐六国的时代，许多士兵就开始了相互救助。当时战火频繁、征召普遍，这些士兵平时就会拿出一定的钱，统一放到一起，等到战争结束后再用这些共同积蓄来帮助死伤士兵及其家属解决生活困难。

在宋朝，据说还有专门赡养老幼贫病等没有自我生存能力的人的"广惠仓"，这可以算得上是原始形态的人身救济后备制度了。

在西方，最早的避险制度是海上避险。当时地中海范围内就已经有了广泛的海上贸易活动。当时人们的航海技术尚不发达，船只构造也十分简单，一旦船只在海上遭遇风浪，就必须马上抛弃部分货物减轻载重，以保证船只不会沉没。

公元前 916 年，《罗地安海商法》根据"一人为众，众为一人"原则，正式规定"凡因减轻船舶载重而入海货物，如为全体利益而损失的，必须由全体分摊归还"，演化出著名的共同海损分摊原则。共同海损分摊原则体现了"损失分担"这一避险的基本原理，也因此被公认为海上避险的萌芽。

1347 年，意大利的佛罗伦萨诞生了世界上第一份具有现代意义的保单。该保单承保了一批从法国南部阿尔兹运往意大利比萨的货物，避险单上不仅有明确的避险标的，还规定了具体的避险责任。例如，"海难事故，其中包括船舶破损、搁浅、火灾或沉没造成的损失或伤害事故。"在其他责任方面，也标注了"海盗、抛弃、捕捉、报复、突袭"情况所带来的船舶及货物损失。

14 世纪中期的意大利北部经济很繁荣，曾一度成为世界贸易的中心。在这个时期，威尼斯、热那亚、佛罗伦萨等地也相继出现了类似现代形式的海上避险合同。这些合同刚开始仅是口头上的一种约定，后来逐渐出现了书面形式。

到了16世纪，英国商人通过竞争夺回了海外贸易权，开始大力发展贸易和避险业务。16世纪下半叶，英国在伦敦皇家交易所内成立了避险商会，专门负责办理保单登记。1720年，在女王的特批下，英国创办"皇家交易"和"伦敦"两家避险公司，经营海上避险业务。

从本质上来说，避险其实还是避开凶险。所谓"一人为众人，众人为一人"，则是在经济上采用聚集与分散的手段，聚集众人之钱财，分担一人之风险。

如何生存并且更好地生活？这是人来到社会永恒的话题。

我们必须知命懂运、精准避险，这样才能创造美好人生。

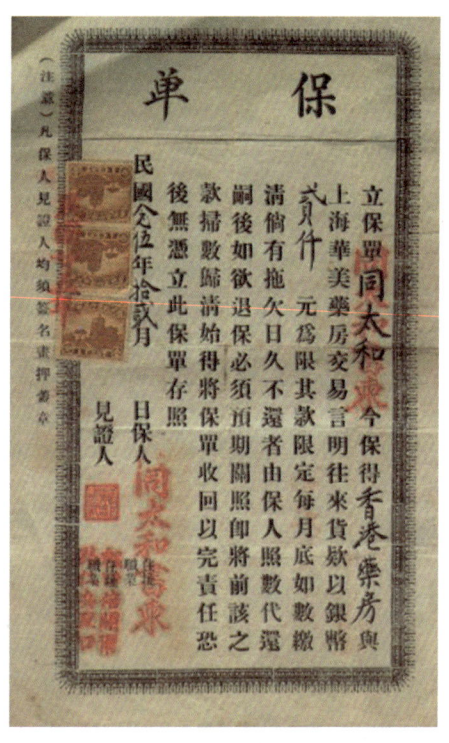

旧时代的保单

3. 发展避险的先决条件

要想发展避险行业，就必须满足以下五个先决条件：

（1）自然灾害、意外事故的客观存在

自然灾害、意外事故的客观存在是避险产生的客观基础，它们决定着风险的存在，而避险本质上是分散风险的举措。

（2）剩余产品的产生和增多

剩余产品的产生和增多是避险产生和发展的物质基础。在原始社会，社会生产力低下，人们的劳动成果仅够维持自己的生存，无法建立物资后备。到了原始社会末期和奴隶制社会，第一次和第二次社会大分工完成，生产力大大提高，社会产品有了剩余之后，人们才会开始积存剩余产品，并将其作为后备物资。有了后备物资，才能实现物质损失补偿，产生最早的避险思想和避险的萌芽状态。

（3）商品经济的发展

商品经济的发展是专业性避险产生和发展的经济条件。随着生产的发展，商品、商人和市场开始出现，充当一般等价物的特殊商品——货币也应运而生。货币可以作为后备，是避险基金的一般价值形态。

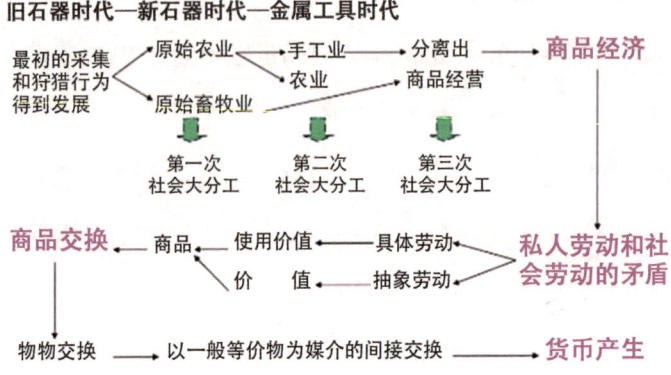

货币的起源

此外,商品经济的进一步发展还能促进社会分工的细化,让避险作为一种特殊的职能部门,从商品生产环节中独立出来,这对现代商业避险的形成与发展有着重大意义。

商品等价交换的原则可以用在避险经营中,使避险合同关系成立,同时促进避险基金的积累。而发达的商品经济关系则使广大的生产者结成普遍的经济联系,奠定了避险经营的科学基础,使运用大数法则来科学计算避险费率成为可能。

(4)互助共济意识的普及

互助共济意识的普及是确定避险关系的社会条件。

(5)科学计算技术的发展

科学计算技术是避险运行的数理基础,现代风险预测技术的提高以及网络高科技的应用可以进行避险精算。

第2节 避险的原理

避险，是个令人熟悉又陌生的话题。熟悉，是因为大家多多少少应该都听说甚至接触过这个概念；陌生，则是因为有不少人对这个名词还是一知半解，并不了解它的本质和原理。

下面，以三个寓言故事来讲述避险究竟是什么。

1. 三个避险故事

（1）农夫与钻石

从前有个农夫，以砍柴为生。这天，他在砍柴的路上，误入了一片森林，怎么也走不出去。眼见着太阳就要下山，农夫又累又怕。他想起之前村里有个传说，说森林里曾经有仙人隐居，就赶忙跪在地上祈祷，希望仙人可以保佑他平安回家。

就在农夫祈祷的时候，森林里突然响起了一个声音，告诉农夫沿着前面的小路一直走，走到头就能回家。那个声音还叮嘱农夫不要随便乱走，更不要去砍这里的柴，不过路边的石头可以多拿两块。

得到指引后，农夫随手抓了两块小石头放在兜里，就赶忙沿着小路匆匆离去。他头也不回地一个劲向前跑，终于在天快亮的时候看到了村落的影子。

到家以后，农夫才发现自己的衣服都湿透了。他刚脱下衣服，口袋里便滚出了什么东西。捡起来一看，原来是他之前在路边随手抓的小石块，此时竟变成了两颗光彩夺目的钻石，正熠熠地闪着光芒。

见状，农夫很是惊喜，可是没过多久，便又开始沮丧懊恼起来，悔恨自己当初为什么没有听仙人的提醒多拿几块。

其实，买避险单和拿石头是一个道理，许多人在买避险单的时候，只觉得买了就好了，只要有一份避险单就行，多少都无所谓，只有等到这份避险单真正生效的时候，才像农夫一样追悔莫及，懊恼当初为什么没有多买几份。

（2）狮子和老鼠

从前有片很大的森林，森林里生活着许多动物，有狮子，也有老鼠。狮子在森林里称霸，非常骄傲。这天它在狩猎的时候，无意间踩到了一只老鼠的尾巴。被踩住的老鼠连连求饶，祈求狮子能够放了它，还说以后狮子如果需要它帮忙的话，自己一定会好好报答它的。

狮子听完之后，很是好笑，就老鼠这还没自己爪子大的小东西，能帮到它什么忙？不过，那天狮子吃饱了心情好，看老鼠身上也没多少肉，就抬起爪子让它走了。狮子没把老鼠的话放心上，没过多久，就完全忘了这件事。

几天后，狮子不小心踩到了猎人的机关，被绳子吊到大树上。它又抓又挠，但不管怎么挣扎都无济于事。正当狮子体力用尽，嗓子也要喊破，陷入绝望的时候，突然老鼠来到了它的面前。只见老鼠爬上大树，很快就咬断了绳子，成功救下了狮子。

一些不起眼的东西往往能在紧要关头发挥决定性作用，避险也是如此。它在关键时刻能够给我们提供的帮助，很可能会超出你的想象。

（3）保持警惕的鹿

草原上，有一只鹿群正在吃草。大部分的鹿都神情安定，只有一只鹿很是特别，每吃几口草便抬头张望，警惕地观察着周围的环境。

它的同伴十分不解，不知道这只鹿在害怕什么——明明这个时间段是猎人休息的时候，十分安全。闻言，鹿反驳说凡事总有万一，保持警惕总是好事。

一连几天，猎人们都没来草原，那只鹿在进食的时候还始终保持着警惕。同伴们觉得它行动怪异，渐渐疏远了它，和它保持距离。然而这天，几个猎人刚好赶到此处。那只保持警惕的鹿成功逃脱，而它的伙伴当晚变成了烤鹿肉。

认为自己没有风险，才是你最大的风险。其实，避险最大的意义，是让你在平稳的生活里居安思危。你若安好，它愿备胎到老；你若不好，它是救命稻草。

2. 解决风险的三个方法

通过上面三个寓言故事，想必大家已经对避险有了更深层次的了解。其实，避险本质上还是避开风险，而在我们的生活中，风险可以说是无时不在、无处不在。

自然灾害、疾病、意外伤害、失业、战争、财产损失……随着科技的发展，人们生活水平不断提高，平均寿命也不断延长。更长的寿命意味着会遭遇更多的风险，也意味着我们需要更多的人生保障。人生在世，害怕的无非就那三样：活得太长、活得太短和活得太惨。

生存无疑是我们的第一需求，这点想必已经无须赘述。然而有些时候，人生最最痛苦的事是人还活着，钱没了，这对不少中产阶级来说，无疑是晚年噩梦。

以60岁退休来算，假使我们20岁工作，活到100岁，那也就在60岁之前的40年里有工作，至于60对之后的40年，相当于是没有收入来源的。如今通货膨胀严重，若想仅靠前40年的储蓄来维持后40年的休闲生活，无疑是一件很有压力的事情，更不必说上了年纪后体质下降，万一磕着碰着生了病，可需要不少医疗费。

未来的风险是不确定的，但一旦发生，就必然会带来损失。究竟要如何化解风险呢？方法有三种：一是独立解决，二是依靠救济，三是集合多数人的力量互助解决。

选择独自解决,就是要全靠自己的力量死撑;选择别人救济,你身边要有有能力且愿意帮你的人。最好也最有效的方法其实是第三种,所谓集合多数人力量解决,其实就是"避险"。避险可以将单薄的个人联合起来,通过缴纳避险费形成社会互助的力量,然后再用这股力量分散沉重的经济负担。个人能力毕竟有限,有了避险,风险就会不再那么可怕。

如果有一个人家里出了难事,急需用钱,此时若想联系亲戚好友帮忙,恐怕能写出 200 个名单就算社交相当广泛了。就算每个人都愿意出钱,按照人均 1000 元,总共也不过 20 万元,恐怕都不够一些重病的手术费。但若是这个人有十万个亲戚朋友,每人只要拿出 10 块钱,就能凑到足足 100 万元。

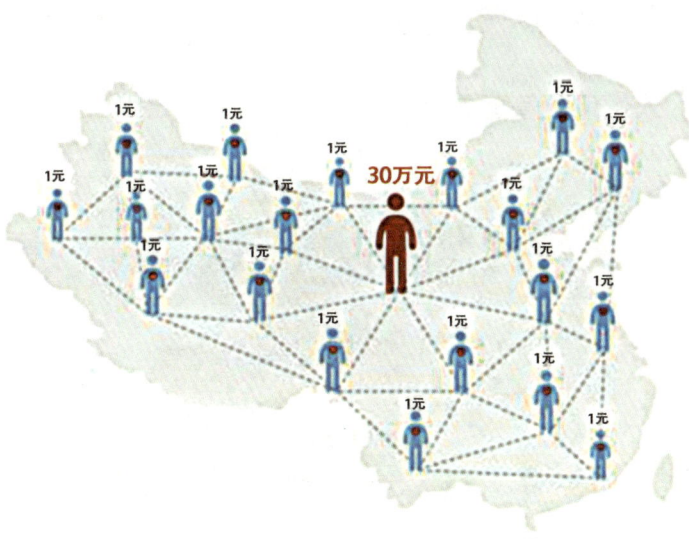

人人帮我,我帮人人

10块钱对于个人来说,是个比较容易拿出来的数字。然而,要想认识十万个亲朋好友,又谈何容易,恐怕一辈子都未必和这么多人说过话。这种情况,就很适合参加避险进行风险分摊了。因为避险项目中有很多互不相识的陌生个体,这些个体可以通过避险项目连接到一起,共同分担风险。风险分摊的职能就是将参加避险的少数被避险人因自然灾害或意外事故所造成的损失,分摊给大多数被避险人来承担。

总而言之,风险的客观存在是避险产生和存在的自然前提,风险的发展是避险发展的客观依据。避险就是以小钱防范风险,以确定的支出防范不确定的风险,从而更稳定地规划和管理家庭财务。

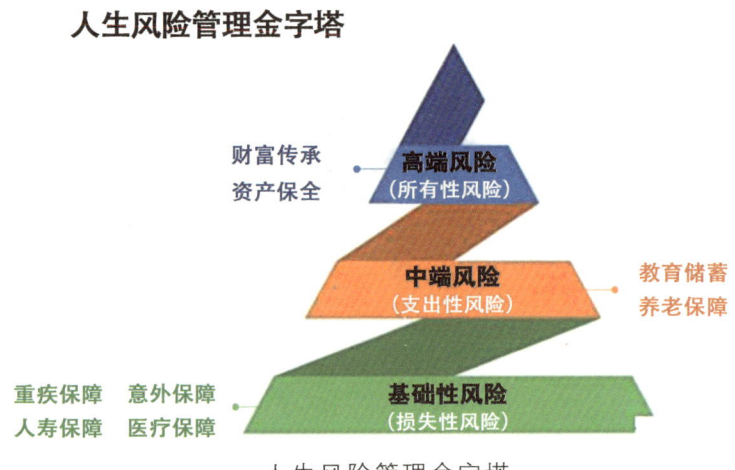

人生风险管理金字塔

3. 避险的四大原理

就避险而言，存在四大原理，分别是风险分散、大数法则、公平合理以及收支平衡。

（1）风险分散

风险分散原理指的是避险人为确保经营的稳定性，应尽量扩大风险分散的范围。如果避险人承保的风险太过集中，一旦发生风险事故，就可能产生责任累积，使避险人无法承担风险责任。

简单来说，风险分散就是不要将所有的鸡蛋都放在同一只篮子里，这只篮子放几个，那只篮子放几个，这样即使风险发生、篮子摔了，损失的也只有那一个篮子里的鸡蛋。

一般来说，风险分散可以通过宏观和微观两个层面实现：

①宏观层面。从宏观层面，可以使风险在地理范围上分散、在时间上分散，还可以通过多种经营来实现风险分散。

②微观层面。微观层面的风险分散有承保前分散和承保后分散两种方式：

承保前分散，主要是在承保的时候对风险单位进行合理划分，注意要尽量让每个风险单位独立实现。划分好合理的风险单位后，根据每个风险单位的最大可能损失确定避险金额，对超出自身承保能力的部分不予承保。此外，还要注意限制承保的风险责任，如控制避险金额，规定免赔额、共同避险条款等。

承保后分散风险有两种方法：共同避险和再避险。和共同避险相比，再避险可以在时间上、空间上以及通过避险金额的同类性实现风险分散，不仅能够分散风险，还能增强避险公司的承保能力。

（2）大数法则

避险大数法则也称为风险大量原则、大数定律，是人们在长期的实践中发现的一种规律，该规律在随机现象的大量重复中往往出现几乎必然。

所谓大数法则，就是指一件事重复试验越多次，所得的预估发生率就会愈接近真实的发生率。避险大数法则要求避险人在可避风险的范围内，根据自己的承保能力选择具有同类性质与同类价值的风险与标的进行尽可能多的回避。

避险大数法则可以稳定避险经营、降低避险成本、提高经济效益、增强避险人的承保能力。在避险领域，大数法则最常见的运用领域就是死亡率。

（3）公平合理

公平合理原理主要体现在避险公司对设计费率的拟定上，要求避险公司本着公平合理的原则来进行拟定。基于公平原则，保费会根据死亡率高低、性别、年龄不同而有所不同。

由于男女平均寿命不同，就不能让30岁男生和30岁女生缴一样的保费买同样的终身寿险,这便是男女差别费率。而性别相同,也不能让 30 岁和 60 岁缴一样的保费买同样的健康险,这无疑也是极不合理的。一般来说,保费会根据年龄的不同而有所差异,原则上年纪愈大保费愈贵。

(4)收支平衡

收支平衡是避险精算最基本的原理,指的是避险公司在避险期内纯保费收入的现金价值与支出避险赔付的现金价值相等。简而言之,就是各大商业避险公司计算保费费率的基础不仅要公平合理,还得收支平衡。

一般来说,保费都是按照"收支平衡"来计算的。而此处保费的"收支平衡",就是要让全体保户所缴的纯保费总额与公司支付全体受益人的避险金额相等,即:

纯避险费总额(公司收入)=避险金总额(公司支出)

第3节 避险的作用

自古以来,有不少名人都推崇过避险。前英国首相丘吉尔就曾说过:"如果我办得到,我一定把'避险'这两个字写在家家户户的门上、每一个公务员的手册上,以及每个公司团体的章程上。因为我深信透过避险,每一个家庭,每一个公务员,每一团体只要付出微小的代价,就可以避免永劫不复的灾难。"

国学大儒胡适也曾表示:"今天预备明天,这是真稳健;生时预备死时,这是真旷达;父母预备儿女,这是真慈爱。能做到这三步的人,才能算作现代人。"由此可见避险意识的重要性。

当今社会,科学技术不断发展,社会生产力不断提高,然而在物质生活水平大幅上升的同时,人们的幸福感却没有水涨船高,甚至一度呈现反向走势。虽然其中牵扯到不少复杂的社会学因素,但可以肯定的一点是,社会的超高速发展也会滋生许多不确定因素,尤其是未来的不确定性,会让人们内心感到焦虑甚至恐慌。

离开计划经济时代,我们需要面对的是各种失业问题、养老问题、医疗问题以及子女上学问题。除此之外,交通意外、食品安全、环境污染、通货膨胀等社会难题也亟须解决。

如果你正为这些而感到焦虑烦恼,那么不如考虑一下参与避险吧。避险不仅可以让你老有所养、病有所医,还可以帮你消除后顾之忧、保持生活质量、彰显家庭亲情。

1. 老有所养

避险是满足老有所养的重要手段,可以确保你的晚年人生安享无忧。

随着科技的进步和人们生活水平的日益提高,人均寿命不断延长,这也导致社会老龄化严重、养老金不足、持续通货膨胀等社会矛盾问题开始逐步凸显。

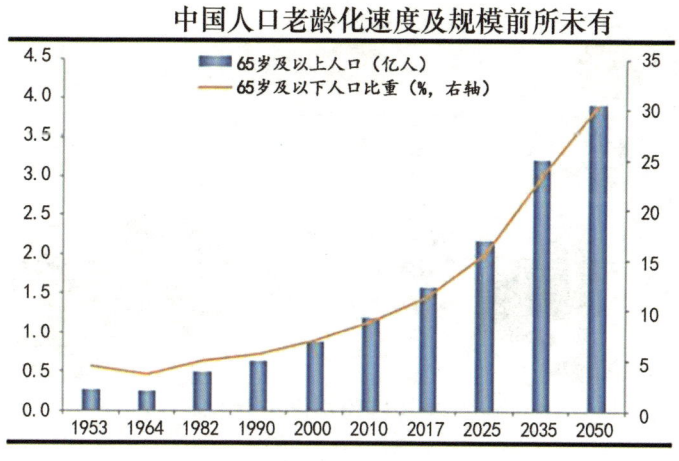

中国人口老龄化速度

凡是人类,就必然会经历生老病死,这是自然的生命过程。我们虽然无法控制自己的"生死",却可以控制自己"老"的状态——孤苦伶仃、生活困苦，或者老有所养、安享晚年。

从前人们信奉"养儿防老"，儿女们往往也是"父母在、不远行"。但随着时代的变化、交通和通信的发达，越来越多的年轻人选择外出奋斗，由此产生了不少空巢老人。空巢老人们往往难以得到充分的照顾，归其根本，还是因为年老退休之后缺少必要的收入来源。商业避险是养老的重要支撑和来源之一，现在已经有许多发达国家开始大力推进这一行业发展，我国也在加快优化养老避险结构的步伐。

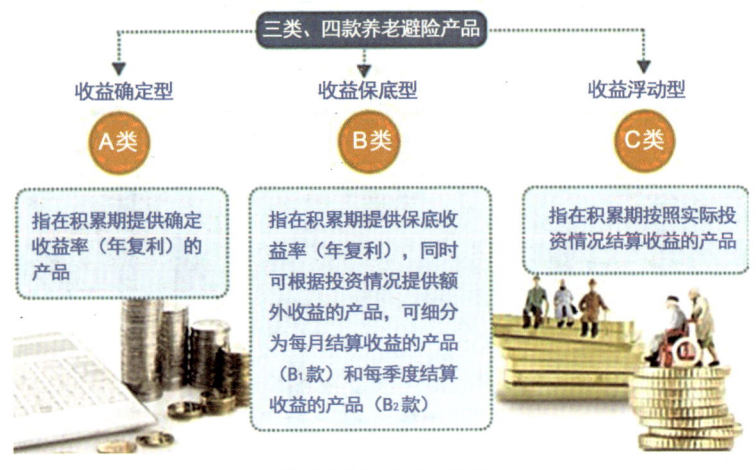

养老避险产品分类

总体来说，商业养老避险可以应对老年人长寿风险、提升老年生活质量、改变老年人生活方式，让老年人生活水平随着社会发展逐步改善提高。人寿避险就可以很好地解决这个问题。

所谓人寿避险,就是以被避险人的寿命为避险标的,且以被避险人的生存或死亡为给付条件的人身避险。简单来说,就是让你在年轻能工作的时候投入资金,等到年老或因意外伤害丧失劳动能力后从避险项目中获取分红。人寿避险,可以在不给家庭增加经济负担的情况下,让自己安享晚年。

2. 病有所医

人在生病的时候最脆弱,如果生了病还没钱医治,那该是怎样的无助?避险能让百姓生得起病,看得起病,生活质量不打折。

2018年,《我不是药神》爆火,片中提及的进口抗癌药"格列宁"在国内的售价高达4万元,其中一位白血病老太太更是直言:"我生病吃药这些年,房子被吃没了,家人被吃垮了。"从此就能看出突如其来的重疾对家庭的打击有多大。

对此,有人可能会表示"还好我有医保"。确实,近年来全民社会医疗避险已经覆盖惠及了绝大多数人群,但社会医疗避险也存在许多不可避免的问题。比如,医保的性质其实是"只保不包"。也就是说,你的医疗费用不可能百分百全额报销,而是需要按照严格的个人给付比例进行报销。

除了报销封顶线和重大疾病支付比例外,医保还对用药范围、检查支付范围等有着明确规定，在各种报销目录的限制下，是很难满足我们的医疗需求。

		参保人员类别		起付钱	封顶钱	报销比例	
城镇职工	门诊类	在职		1800元	2万元	社区医院	其他医院
						90%	70%
		退休	70岁以下	1300元			85%
			70岁以上				90%
	住院类	参保人员类别		起付钱	报销比例		
				医疗费用金额段	一级医院	二级医院	三级医院
		在职		本年度第一次住院1300元，	1300～3万元	90%	87%	85%
					3万～4万元	95%	92%	90%
					4万～10万元	97%	97%	95%
					10万～50万元	85%		
		退休		第二次及以后每次650元	1300～3万元	97%	96.1%	95.5%
					3万～4万元	98.5%	97.6%	97%
					4万～10万元	99.1%	99.1%	98.5%
					10万～50万元	90%		

医保报销比例

人活在世，难免会受到疾病侵扰。小病还好，大病可是极有可能拖垮一个家庭的。单凭基础的社会医疗保险，往往是不足以完全解决医疗费用的，此时商业避险就显得格外重要。

重大疾病险等健康避险能够为我们提供充足的保障，医疗险可以报销生病住院的医疗费用，而重疾险则可以填补因生病而产生的收入损失。如此一来，病人就可以达到少负担甚至零负担，不再害怕"病无所医"。

3. 消除后顾之忧

人生在世，难免会有意外发生。离开计划经济体系，人们在获得更多发展机会的同时，也随时面临丢掉"饭碗"的陷阱。

失业、意外、疾病……这些生活隐忧无时无刻不在威胁着我们。避险可以保障我们的财产安全，补充我们的收入来源，帮助大家消除后顾之忧。

当我们因为意外事故而遭受损失的时候，避险可以提供一份补偿收入，让人们不必担心因收入能力下降或生活能力丧失而陷入绝境。如果没有避险保障，一旦发生人身伤残事故，不仅会失去有尊严的生活，还会大大影响家庭和孩子的正常生活。

要知道，幸福生活往往并不局限于眼前的衣食无忧，还要注重医疗无忧、子女教育无忧、老年无忧、家人生活保障无忧等。只有避险，才能全方位做好保障工作，消解人们对未来的担忧。

4. 保持生活质量

真正的高质量生活，应当是稳定的生活。一般来说，能够影响人们生活品质高低的有两个主要因素：一是物质生活的富足，二是精神生活的安宁。避险就可以同时在这两个方面帮助人们提升生活品质、保持生活质量。

从物质生活上来说，如果年轻时能够做好充足的准备，花费一定的资金用来购买避险，就算未来发生意外，也不至于手忙脚乱、被迫降低生活水平。

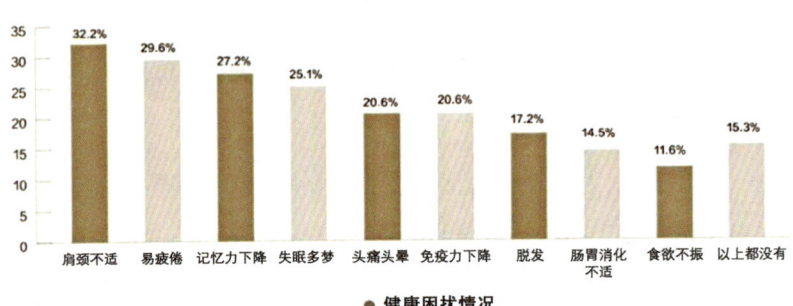

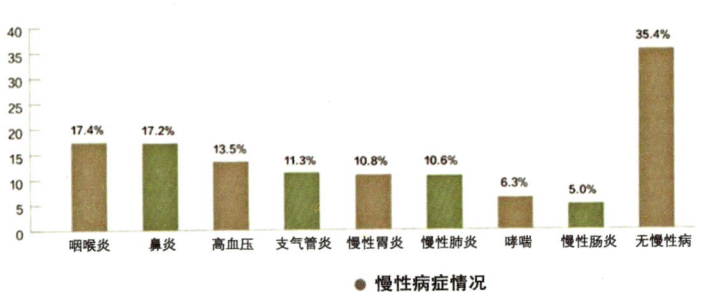

高净值人群健康状况

从精神生活上来说,避险可以明显减轻人们的忧虑感,增强我们对未来生活的安全感。

举例来说,一旦遭遇意外和疾病,失去工作能力,不仅收入会减少,还要面临高额的医疗费用。有了避险,就可以报销医疗费用,获取补偿金。退休之后,工作收入就会降低,而养老避险、年金险等理财险可以在我们年老的时候定期返钱,不仅可以用来养老,还可以给孩子作教育金。

总而言之,为了保障未来,我们必须未雨绸缪,提前做好健康的规划。而要想安享晚年生活,避险就格外重要。

5. 彰显家庭亲情

无论处于何时,无论身在何地,亲人永远是我们难以割舍的牵挂。然而,生活中总是充满危机,没人能够预知未来是否会发生不幸。为了避免给家庭带来经济上的风险,最好的办法就是做好避险。

如果在身体状况良好的时候为自己购买足够的避险,那么就算遇到不测,也能获得大额经济补偿。这些经济补偿可以将我们的爱延续到父母、妻儿乃至兄弟姐妹的生活当中。无论是为自己还是为亲人,避险都可以将我们对亲人的牵挂转化为实在的保障,使得亲情更加温暖。

此外,避险的不可替代性还表现在子女教育、养老费不可挪用,疾病意外不可预测费用等方面。从某种程度上来说,避险也是让亲情和大爱得以继续的保证。

避险产品是家庭保护伞

第4节 避险的类型

避险的类型可以从两个角度进行划分：按照经营性质来划分，避险可以分为商业避险、社会避险以及政策避险三种类型；按照标的来划分，避险可以分为人身避险和财产避险两种类型。

1. 按经营性质划分

按照经营性质来划分，避险可以分为商业避险、社会避险以及政策避险三种类型。

（1）商业避险

所谓商业避险，就是指以获取利润为主要目的、通过运营避险合同来进行的避险形式。

在进行商业避险的时候，投保人必须注意以下几点：

第一，投保的时候，因按照以下优先级进行选购：首选意外险（包括寿险、附加险、意外医疗险、意外住院险等），其次是健康险（包括重大疾病及附加的医疗险、定期寿险等），最后是养老险（包括分红险、年金险、投连险等）。

第1章 避险行业发展历程

```
         养老和教育
         风险指数★★
       应对退休和小孩的教育

        普通医疗健康险
     应对普通疾病 风险指数★★★

           重疾险
     应对大病 风险指数★★★★

            寿险
     应对死亡 风险指数★★★★★

           意外险
   应对死亡和伤残 风险指数★★★★★
```

如何选购商业避险

第二，很多家长出于爱护子女之心，会优先给自己的孩子投保。但从现实的角度来看，最值得投保的其实是家庭中收入最高的人，毕竟这是家里的经济支柱。此外，由于妇女疾病相对较多，女性在投保的时候可以考虑"美丽人生"之类的产品。当然，在经济允许的情况下，最好是全家投保，这样才能对家庭实现全方位保障。

第三，在选择投保金额的时候，应该根据家庭总收入及被避险人从事的工作风险系数来决定，是否开车、有无社保、

身体及工作状况等因素都会对工作风险系数产生影响。

综合来说，投保金额应在家庭年总收入的 5% 至 15% 范围内比较合适，一般 18 岁以下者保额不超过 10 万元，20 岁以下者保额不超过 20 万元，此后每增加 10 岁保额递增 10 万元，50 岁以下者保额不超过 50 万元。如果经济条件有限，也可以选择较低的保额，然后再附加较为便宜的定期寿险产品。

第四，有些人认为缴费期限越长越合算，这其实是一个错误认知。消费者的家庭经济状况不同、现金流资产资金运作不同，相对应的缴费方式也会有所不同。如果投保金额较高，必须先由避险公司寿险核保，征得再避险公司分保同意，然后经过体检合格后才可以进行投保。

（2）社会避险

所谓社会避险，就是指政府通过立法强制建立社会避险基金，为失去或暂时失去劳动能力或工作的劳动者提供物质帮助的社会经济制度，主要包括养老避险、医疗避险、失业

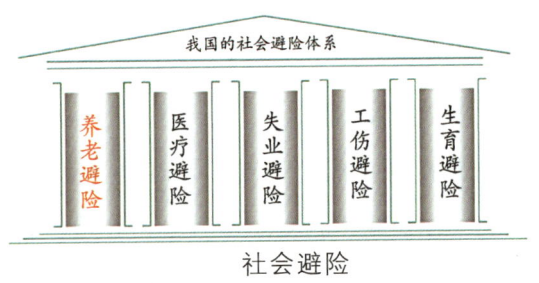

社会避险

避险、工伤避险以及生育避险五个项目。

从本质上来看，社会避险其实是一种缴费性的社会保障，避险基金的资金主要由用人单位和劳动者本人共同缴纳，政府财政会从中给予补贴并承担最终责任，当劳动者因年老、工伤、疾病、生育、残废、失业、死亡等原因丧失劳动能力或失业时，利用基金给予劳动者本人或直系亲属固定的收入或损失的补偿。

在中国，社会避险是社会保障体系的重要组成部分，也是社会保障制度中的核心内容，在整个社会保障体系中居于核心地位。作为一种再分配制度，社会避险的主要目的是保证物质及劳动力的再生产和社会的稳定，可以保障劳动者基本生活、维护社会安定、促进经济发展。

（3）政策避险

所谓政策避险，就是指政府为了实行某项特定政策，通过商业避险的一般形式而进行的避险形式。

政策避险主要包括两大类别：一种是社会政策避险，另一种是经济政策避险。常见的政策避险项目有社会避险、国民生活避险、农业避险、进出口信用避险等。

①社会政策避险。社会政策避险即"社会避险"，指的是政府通过立法强制建立社会避险基金，为失去或暂时失去劳动能力或工作的劳动者提供物质帮助的社会经

济制度，主要包括养老避险、医疗避险、失业避险、工伤避险以及生育避险五个项目。

②经济政策避险。经济政策避险指的是政府出于宏观经济利益，为了对某些行业实施保护政策而开办的国民生活避险，主要包括出口信用避险、农业避险、存款避险等项目。

2. 按标的划分

按照标的来划分，避险可以分为人身避险和财产避险两种类型。

（1）人身避险

所谓人身避险，指的是以人的寿命或身体为避险标的的避险。投保人定额交付避险费，当被避险人遭遇意外事故或疾病丧失工作能力、伤残、死亡，或被避险人避险期满时，避险企业应根据避险合同的规定，向被避险人或受益人给付避险金。

人身避险根据保障范围，主要可以划分为人寿避险、健康避险和人身意外伤害避险三种。

①人寿避险。人寿避险简称寿险，避险对象是人的寿命，如果被避险人在规定的责任期内生存或死亡，避险公司就会根据合同给付一定的避险金。

②健康避险。健康避险的避险标的是人的身体，如果被

避险人因为遭遇疾病或意外伤害,避险公司就会根据合同给付一定的避险金,补偿被避险人因伤病产生的费用或损失。

③人身意外伤害避险。人身意外伤害避险的避险标的也是人的身体,如果被避险人遭受意外伤害导致的残疾(或死亡),避险公司就会根据合同给付一定的避险金。

和健康避险不同,人身意外伤害避险承保的是因意外伤害而导致的伤害,不承保因疾病而导致的伤害。

(2)财产避险

所谓财产避险,指的是以财产及其有关的经济利益和损害赔偿责任为避险标的的避险。

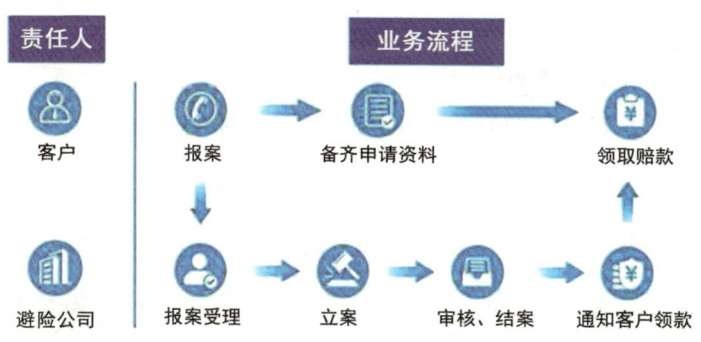

避险理赔程序

财产避险包括财产避险、农业避险、责任避险、保证避险、信用避险等以财产或利益为避险标的的各种避险。

第5节 避险的五大功能

有矛就有盾，有阴就有阳，有风险自然也会有避险。

《福布斯》曾发布过《中国高净值人群寿险市场白皮书》，其中指出，"寿险已经成为高净值人群最值得信赖的财富保障方式，同时已有超过7成的高净值人群开始尝试或已经持有使用寿险。"避险在当今时代的重要性可见一斑。

随着社会的飞速发展，避险行业也在不断完善成熟，不仅能够提供稳健保障的基本功能，还衍生出了不少更高阶的多元服务。

1. 家庭保障

有人问，只要我多挣钱、多积蓄，不也一样可以对抗风险带来的巨变吗？为什么一定要用避险来解决问题呢？

事实上，避险在对抗风险这件事上，是有不可替代性和必须配置的必然性的。俗话说得好，永远不要将鸡蛋全都放在一个篮子里，家庭资产也是同样的道理。要想分散风险，就要学会合理规划家庭资产，我们可以通过一张标准普尔家庭资产象限图来讲解这个问题。

第 1 章　避险行业发展历程

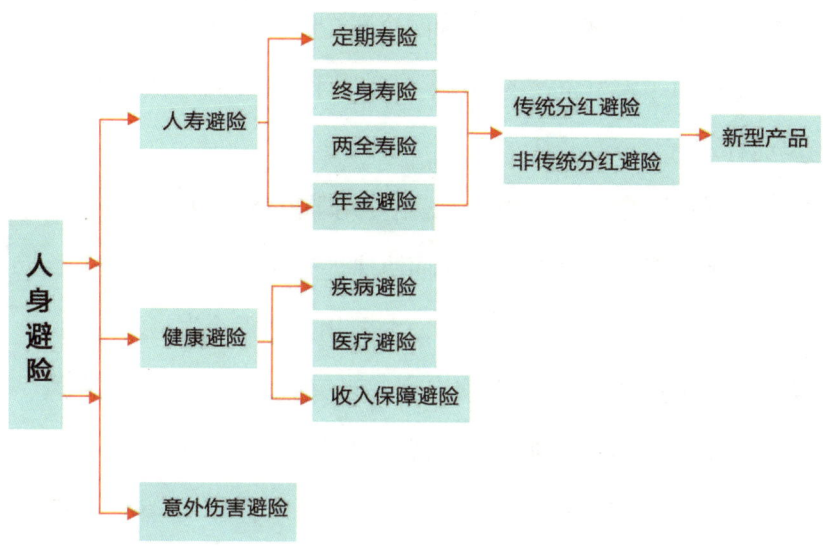

人身避险

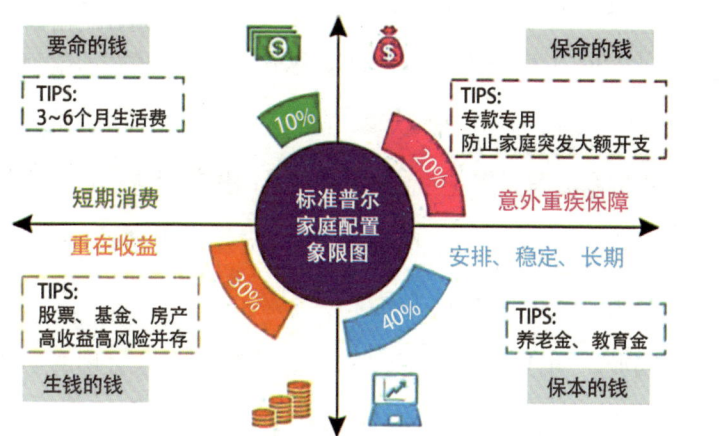

标准普尔家庭资产象限图

037

我们可以将家庭资产分为四个账户:

账户1:家庭资产的10%,主要用于消费,可以放在银行,灵活存取。

账户2:家庭资产的30%,主要用于投资,可以购买股票、基金、期货等高收益产品,从而快速提升家庭资产。

账户3:家庭资产的20%,主要用来"保命"。这个账户就是特备的风险账户,专款专用,当家庭成员遇到突发性风险问题时,就从这个账户里进行大额开支。

账户4:家庭资产的40%,主要用来保本升值。这个账户必须绝对安全,主要负责未来子女的教育支出和自己的养老支出。

从某种程度来说,这四个账户就像是桌子的四条腿,缺一不可。但凡有一个出现问题,家庭的基础就无法稳固——没有投资的钱,就无法提升家庭资产;没有保本升值的钱,孩子的教育和未来的养老就会出现问题;没有消费和"保命"的钱,日常开支和遇到风险时,我们就会动用其他账户的钱,毕竟这俩才是生存的根基。

因此,对于家庭财富,一定要进行分账户管理,实现多资产配置。配置的资产不仅要有进攻型的,也要有防守型的,更要有对冲型的,这样才能最大限度地降低和分散风险,达到攻守兼备，防守自如。

而在多资产配置中，避险就是对冲风险的重要金融工具。避险是一个结果确定，可以进行提前给付。一旦风险发生，我们不仅可以通过避险补偿损失的财产，有时还能获得额外的收入。

举例来说，如果我同时配置了医疗险和重疾险，一旦生了大病，医疗险可以报销我的医疗费用，而重疾险则可以赔偿我额外的理赔金。这样算下来，我反而可以大赚一笔。这就是避险所独有的补偿原理，其他任何金融工具都无法做到这一点。

归根到底，我们所有人的资产都可以分为两个部分：一个是既有财富，也就是我们已经拥有的财富；另一个则是既得财富，也就是我们未来有可能赚到的钱。如果某人年收入15万元，预计还可以工作30年，那么他的既得财富预估就有450万元。

然而，未来是无法预料的，既得财富也是无法确定的。如何才能在保全既有财富安全性的同时，锁定既得财富的所有性，保证无论以后发生什么风险，都能得到未来可能创造的财富呢？唯一的途径就只有避险。

无论是投资、理财还是股票，都只能让财富增长。如果管不住风险，一切也只是空谈。只有避险工具能保证财富的对冲性和保全性，所以避险在家庭保障中有着无法替代的重要功用。

2. 教育基金

根据有关数据统计，近 10 年来，我国大学生的学费和住宿费平均已经超过了 1 万元每年，按照可支配收入的相对支付能力换算，大概是世界上顶尖大学的三倍。如果是一个三口的小康家庭，就算父母都在上班，除去基础生活开支外，

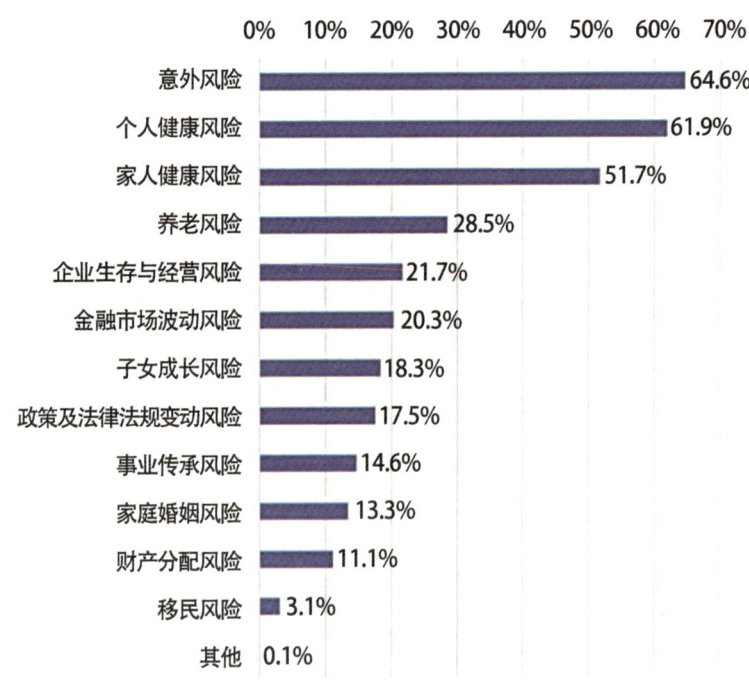

中国高净值人群担心的风险

孩子的学费和住宿费也要占去家庭净收入的三分之一了，这还没算房贷、医疗费用等其他开支，可见教育现在给多少家庭造成了多大的经济压力。

如何解决孩子教育带来的经济压力？避险。

通过避险，你可以为孩子存下一笔教育基金，这对年轻的父母来说尤为重要。

许多80后、90后习惯了消费主义，刚开始成为新手父母的时候，就很容易管不住自己的手，不是今天想买新衣服就是明天要换新手机，不知不觉间就把原本打算存的教育基金花个精光。

其实，父母可以根据自己的预期，为孩子选择合适的险种和保额，用来建立教育基金避险计划。计划一旦开始，就要求父母每年必须按照合同及时存入规定的金额，等到孩子达到不同年龄阶段时再分批取出相应的教育金。这可以有效地帮助大家按住想要花钱的手，存够足够孩子所需教育的费用。

除了强制储蓄外，教育基金避险还可以享受理财分红，在一定程度上可以抵御通货膨胀的影响。不过，教育基金避险的理财分红一般都会分成多次给付，回报期相对较长。

在购买教育基金避险时，家长可以选择附加意外避险、健康医疗险等保障险种,为孩子增加一份人身保障。

此外,有些教育基金避险还有保费豁免功能,万一家长发生意外丧失缴纳保费能力,避险公司可以豁免所有未交保费,让孩子继续享受原有保障。

3. 退休金

随着医疗科技的进步和社会生活水平的提高,人均寿命也在不断延长,这让老龄化问题愈发突出和严重。

在我国,每天都有两万多人步入老年,60岁以上的老人更是已经达到2.5亿人。虽然退休年龄不断延迟,但退休之后如何养老,也成为越来越多的人开始思考的问题。

从某种程度上来说,养老避险可能是退休后最靠谱的保障之一了。

国家法律明文规定:"在劳动者年老或丧失劳动能力后,根据他们对社会所作的贡献和所具备的享受养老避险资格或退休条件,按月或一次性以货币形式支付的避险待遇,主要用于保障职工退休后的基本生活需要。"

养老避险的最主要待遇就是养老金,也称退休金。作为社保之一,养老避险是由我们和公司共同缴纳的,其中公司缴纳的比例大概是个人的1.5倍以上。也就是说,公司帮我们交了大头。

这些钱以后其实还会以退休金的形式返还给我们，前期保险费交得越多，以后退休金就能领得越多。从某种程度上来说，养老保险其实就相当于每月帮我们储蓄固定的金额到养老账户上。而每年养老金都会根据平均工资进行上涨，上一年度的月均工资越高，发放的养老金也就越高。这样在一定程度上，也能抵御通货膨胀。

4. 应急现金

避险保单还具有一定的现金价值，在紧急情况下，可以当作应急现金使用。

所谓避险保单的现金价值，简单来说就是你的避险保单价值多少钱，在退保的时候，可以退回多少钱。一般来说，保单的现金价值与保单生效时间有着密切联系，保单生效时间越长，现金价值也就越高。不过短期意外险、定期寿险、健康险及家财险等项目的一般没有现金价值，就算有，也价值极低。

长期人身避险具有储蓄性质，合同中基本都会附有一份保单现金价值表。通过保单现金价值表，就能知道相应年份的保单价值。

需要注意的是，保单现金价值并不等于已缴保费，而是已缴保费和利息减去风险保费、佣金以及管理费的结余。

避险公司通常会根据避险事故的发生概率来确定避险费率，事故发生概率越高，避险费率就越高。但寿险的交费周期基本都比较长，随着被避险人年龄的增长，人发生风险的概率和相应的保费都在不断上升，这样下去一直到某个年龄段，保费必将超过保额，避险也就失去了意义。

因此，在寿险中，精算师会将因为年龄增长而多交的保费平均到每一年，让我们每年所交的保费相同。这些前期多交的保费和所产生的利息每年滚存累积，就形成了保单的现金价值。

总体来说，避险保单的现金价值主要有三个用途：

（1）退保补偿

在退保的时候，避险公司会按照保单的现金价值进行赔付。

（2）保单贷款

通过避险保单，投保人还可以向避险公司申请质押贷款。

（3）减额交清

重疾险、寿险等避险产品保费高且交费周期长，有些投保人会因此觉得保单不值，但又觉得现金价值太亏不想退保，还有些投保人可能因为资金有限而无法继续交费。在这些情况下，他们都可以选择减额交清。

所谓减额交清，就是利用保单的现金价值去交后续的保费，现金价值能买多少保额就买多少保额，能买多久保障期限就买多久保障期限。这种付费方式能买到的保障力度肯定不如原来的，但可以让后续的保障依旧有效。

总而言之，无论采用哪种方式，只要合理运用保险保单的现金价值，有时还真能解一解你的燃眉之急！

5. 有计划地储蓄

现在许多人受消费主义影响，在不知不觉间就成了"月光族"，难以真正实现财富积累。通过避险，我们就可以进行有计划的储蓄。

避险账户内的钱无法随意支取，否则就会造成一定损失，这种限制可以帮我们管住"乱花钱"的毛病，实现强制性的储蓄。

根据合同约定，保险收益是复利增长的，收益长期稳定且风险几乎为零（分红险和投资联结避险除外），很适合用来储蓄未来的发展资金。

作为一种投资产品，即便是和银行储蓄相比，避险也丝毫不会逊色。

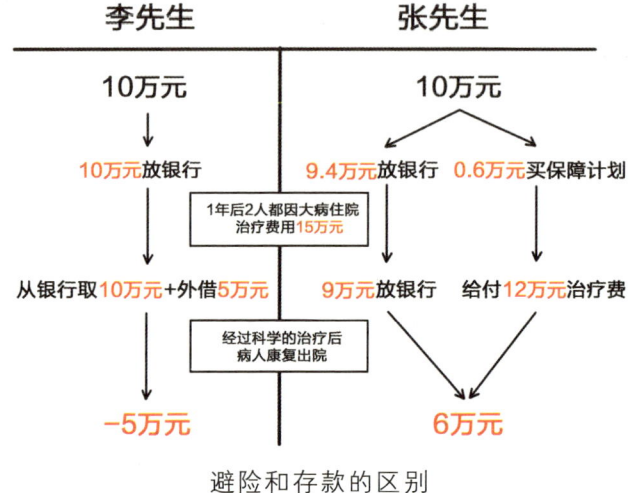

避险和存款的区别

　　从资金安全的角度来看，避险产品也比银行储蓄更加安全，这一点可能很多人都不太相信。事实上，根据我国《商业银行法》和《保险法》的相关规定，一旦银行倒闭，储户的利益就难以得到保证。与银行相比，投保人的利益却不会因为保险公司的倒闭受损，更何况保险产品还有许多独具的保障功能。由此可见，保险才是最划算的储蓄投资。

第 2 章

避险行业如何触网

第1节 避险行业存在的问题

随着中国社会经济的发展,我国避险行业也开始加快发展。现如今,避险行业已经在越来越多的社会经济领域服务大众,无论是交强险制度的实施,还是养老社区的投资,抑或是环境责任避险试点的启动……这些都在表明避险行业正在承担愈发重要的社会责任。

但是出于监管不完善等因素,避险行业仍然存在许多问题,如合同陷阱、产品缺乏创新、逆向选择与道德风险、普通人觉得保费过高不愿意买、理赔慢与难、互助避险需求大却不规范。

1. 人联网定义

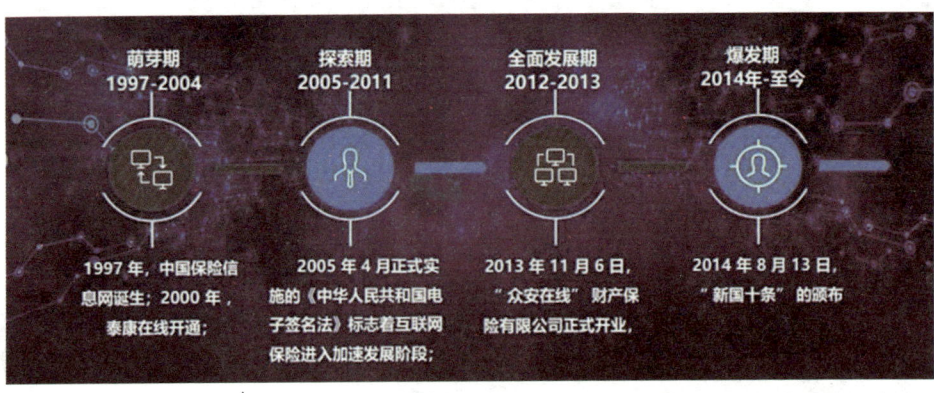

中国互联网避险发展历程

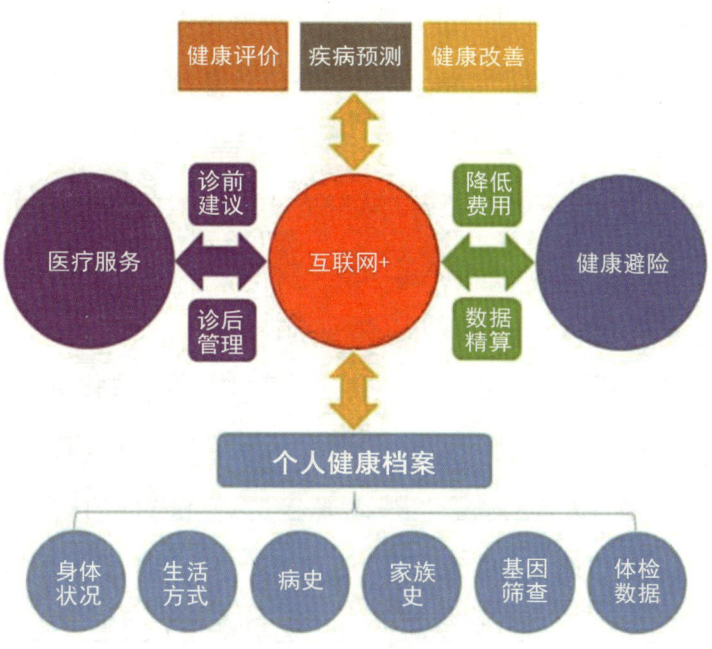

人联网在医疗避险上的应用

人联网联接的概念

通过一个人联结两个人，两个人联结更多的人，直至联结出一个全球网络。简单来说，人联网就是通过移动智能化网络来融合线上线下所有应用场景的人际网络，以一物联一人、一人联更多的人，更多的人联更多的物相互联结的方式，将物与物、物与人、人与人之间的"弱关系"迅速转化成"强关系"，实现物、人之间实时的互动和体验。

从某种程度上来说，人联网其实是对中华传统文化中"天地人合一"概念的现代化表达。互联网相当于"天"，物联网相当于"地"，人联网就是"人"，是联接"天"和"地"的桥梁，也是融合天、地、人的综合体。

在宇宙中，现代网络科技的认识顺序是先信息（互联网），后物质（物联网），最后才是人（人联网）。但实际上，天、地、人是同时存在的。也就是说，互联网、物联网、人联网统一于一体之中，只是因科技发达程度，我们最早认识的是互联网。随着人工智能技术的发展，我们提出互联网+，发现了物联网。等生命科学等技术达到一定程度，人联网必将成为显学。而现在由于科技还未达到那样的高度，所以，我们所命名的人联网还是隐性的，就如同人体的基因在后代呈现出来隐性基因一样。

人联网是三网发展中的第三个阶段，而以人联网建立的生态圈既是三网合一的终点，也是起点。因为世界最终还是以人为本的，人联网最终将回归本真，让万物互联、联接一切，无论是人与人、物与物，还是人与物，都会被联接到一起。

2. 合同陷阱

由于避险知识具有一定的专业性和复杂性，因而避险人和客户之间存在一定的信息不对称，欺诈也由此产生。

作为消费者来讲，我们常说事后理赔难，甚至不理赔，主要是针对条文烦琐的合同我们自以为理解是这么一回事，但是出险时，避险公司却另有说法，甚至跟我们认为的想法截然相反。

表面上看，这只是对文字理解的差异，实际上却是消费者理解的差异导致权利和利益的丧失，所以消费者义愤填膺，认为避险公司是故意模糊文字表述，是设计好的合同陷阱，甚至是合同欺诈。

而造成这种现象的原因之一，是避险企业没有树立正确的使命与价值观，没有营造良好的企业文化，没有站在消费者的立场来思考问题。

原因之二，是避险企业的一线销售员的工作门槛低、竞争高，这使得不少避险销售人员为了业绩无所不用其极。

很多大型避险公司的销售员的日常工作只有一个——那

就是打电话约客户,请他们来公司听产品说明会,进而推销避险。由于避险销售基本上没有多少底薪,全靠业绩提成吃饭,所以他们在推荐产品的时候自然也不会以客户为中心去考虑,而是怎么能卖出产品怎么说,甚至全靠"忽悠"来推销产品。例如,打着银行理财产品的幌子销售避险产品、承诺最低分红水平、扩大产品保障范围、故意混淆避险和存款的概念等。

之前有一位销售员向我推销某款养老避险产品的时候,还信誓旦旦地跟我说他们这款产品附带意外险和医疗险,无论是发生意外还是生病住院,都可以全额报销。我当时还疑惑究竟是什么产品待遇这么好,结果一看合同,才发现条款里根本就没有销售员之前承诺的那些保障。

许多对避险产品并不了解的消费者,往往就这样在销售员的巧舌如簧下买入了并不适合自己的避险产品。等到合同签了、费用交了,发现不对劲,却已经追悔莫及。遇到这种情况,要么认栽,要么维权,但白纸黑字合同在那,维权耗费大量时间精力,而且就算打官司,也很难取得理想的结果。

推销产品的时候,销售员自然会说各种好话,选择性忽视那些免责条款和合同中的隐形陷阱。此外,避险公司的保单合同一般都会很长,成百上千条条款让人看不过来不说,众多晦涩难懂的专业术语也让人头晕目眩、弄不清楚状况。

对避险公司来说，没有"欺诈"，只有"误导"。文字游戏是避险公司常要的手段，避险合同上出现的每一个字，都有可能让你吃大亏。由于合同条款是由避险公司单方制定的，有时候还会故意用一些模棱两可的表述，一个条款可以从多个角度进行解读。一旦发生官司，避险公司就会从对自己有利的角度去申诉，因此消费者在签订合同的时候一定要瞪大眼睛。

之前就有新闻报道，有消费者被骗买了避险之后，才发现合同期限为104年，要想拿回避险本金和分红，恐怕要等到自己的孙子辈！

一般来说，避险合同中的隐藏陷阱主要有以下几种：（1）避险合同中藏有生效条款；（2）没及时签发保单；（3）因条款违反国家强制规定而导致合同无效；（4）避险合同中的用词内涵模糊。

针对避险合同中的这几大问题，运用人联网中的区块链技术可以很好地解决避险合同中的陷阱。在合同的分布式账本上，避险公司可将交易永久记录，并通过开放客户访问权限来保证合同信息的公开、透明、一键可查。

比如，利用人联网的区块链触发机制使保单一经签订便生效，并使保单得到及时签发，避免在合同中另有生效日期的规定以及没有及时签发的问题。有些避险公司故意钻法律漏洞，选择一些看似收益丰厚实际违反国家强制规定的条款来吸引客户，等到客户要求获取收益时，再以合同无效为借口拒绝。那么，在签订合同时，客户就能够在人联网上查到这些条款是否符合国家法规政策，并在根源上一键屏蔽不符合国家法规政策的一切条款。

例如，避险合同中可能会约定"洪水引起的损失，属于避险事故，避险人应当赔偿"，但这"洪水"一词，可大有内涵。

和范围包含较广的"水灾"相比，"洪水"包含的范围极其有限，仅指因暴雨、冰雪融化等导致的江河、湖泊水灾害，像海水上岸、水管爆裂、水库决堤等因江、河、湖、海及其他人为因素造成的灾害则不包括在内。有的临海城市容易发生海水泛滥，那么这些海水泛滥事故就没法得到赔偿，因为合同写的是"洪水"。

针对避险合同中的用词笼统、模糊的问题，全部会在人联网的智能识别系统中检测出来，并要求合同起草方详细说明，而这一切都会记录在区块链的共享账本之中。也就是说，客户没有发现的用词模糊的问题，人工智能就已经提前计算到了。

3. 产品缺乏创新

现在我国有很多避险公司，从避险产品、营销方式再到企业文化，同质化现象都很严重。根据有关数据统计，我国各避险公司险种结构相似率已经高达 90%。

各大公司推出的避险产品缺乏创新,内容雷同,且不同产品所保障的范围也相互交叉。很多客户单买一款避险产品的话无法获得全方位保障,购买多款避险产品又可能导致重复或超出需求。归根到底,这一切都是因为避险企业严重缺乏市场定位,在开发产品、设计险种的时候没有进行全面调研,以致与市场需求脱节。

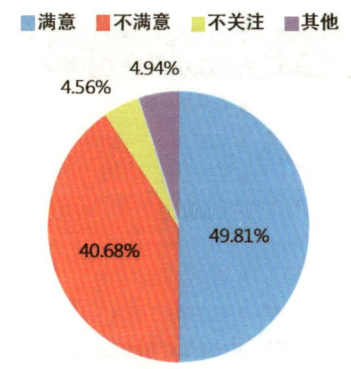

互联网避险产品创新能力调查

创新产品推不出,很多产品又因为适用性差而积压滞销,会让避险企业把经营重点都集中放在热门产品上。举例来说,在寿险领域,各大公司都在发展少儿险市场;而在产业险上,大家都在抢夺财产、车辆、货物运输等大险种的客户。为了在竞争中取胜，很多避险公司不惜采用恶性的价格战来扩大市场占有率。他们一边通过高返还、低费率、多保障的口号招揽客户，一边又偷偷设置赔付障碍，以压低赔付率，提高企业效益。

事实上，企业之间的价格竞争表面上是薅商家"羊毛"给民众让利，实际上持续下去只会形成恶性循环，使得避险企业的偿付能力严重不足，服务效率和创新能力也大大降低。

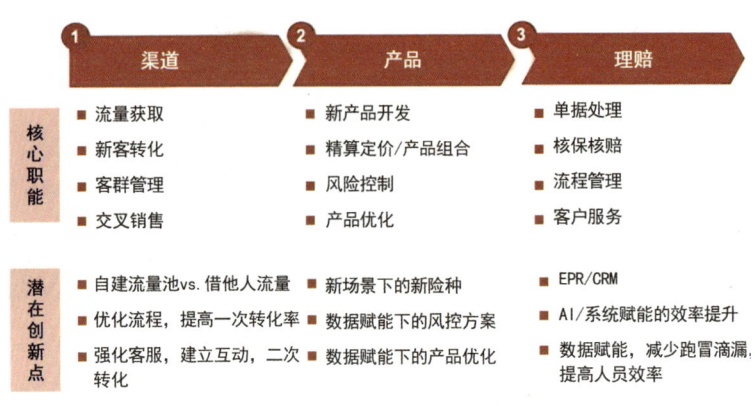

传统避险企业的潜在创新点

针对以上问题，可以把避险企业的产品统一放在人联网共享数据平台上，一方面用大数据、云计算记录、分析用户最关切的痛点、需求，用最少的时间和成本做出最广泛的市场调研，设计出符合大多数用户自身特性的产品；另一方面用人工智能辅助避险专家一起检查、筛选产品内容的重复率，避免产品内容的交叉化、重复化，做到各类人群各类种险种都有明确的避险目的与范围，降低客户保费成本，提升产品的独创性、人性化与个性化。同时，流程上的全面数字化革命，将使流程做到透明与公开，打通理赔障碍，提升每一个客户的购买体验。

在未来，应用人联网的避险产品如同超市货架上的水果，每种水果特征分明、明码标价，选购时优劣一目了然，购买便捷，效用清楚。

4. 觉得保费过高

据统计局官网公告，截至 2018 年年末，全国农村贫困人口从 2012 年末的 9899 万人减少至 1660 万人，累计减少 8239 万人；贫困发生率从 2012 年的 10.2% 下降至 1.7%，累计下降 8.5 个百分点，可见我国在扶贫助贫工作上卓有成效。

统计局数据显示，2018 年，贫困地区农村居民人均可支配收入 10371 元。而一个普通工薪阶层一年买避险的费用在 6000 元左右，以四口之家来计算，一年的总花费约在 2 万元。而避险费用应该控制在家庭总收入的 10% 以内，才是比较合理的。以此计算，一个家庭年收入至少达到 20 万元，才可能把家庭成员的险种都购买了。

很多人买的时候觉得费用不太高，但是交了一两年之后就觉得不划算了,很大程度是由于保费设置不合理,且忘记了这是每年持续要交的。也就是说,只有每年保持稳定的收入,才能够稳定保证这部分的支出。

有多位专家对中国年收入20万元以上的人口做出判断,普遍认为不超过1亿人,甚至更低,只有几千万人。以13亿人口计算,也就是说年收入在20万元以下的普通消费者在12亿人左右。那么,这也就决定了更多人不会为避险买单,他们最多的是为家庭的主要劳动力买一份避险。而中国还有1000多万的贫困人口,其人均可支配收入只有1万多元,更是无力承担昂贵的避险费用。

针对当前避险行业存在保费昂贵的难题,避险企业应用人联网技术联合公共基金、慈善机构等组织,研发出低保费、高保额的专用避险产品。

以癌症治疗为例,根据《中国居民疾病死亡率排名》数据显示,癌症(恶性肿瘤)死亡率高居第一。避险企业应用人联网大数据、云计算、AI智能、区块链等技术手段,开发出互助型避险产品。消费者只需要支付100元就能享受最高50万元的防癌相互保障金。

疾病名称	死亡率（1/10万）	构成（%）	位次
恶性肿瘤	164.35	26.44	1
心脏病	136.61	21.98	2
脑血管病	128.23	20.63	3
呼吸系统疾病	73.36	11.80	4
损伤和中毒外部原因	37.63	6.05	5
内分泌、营养和代谢疾病	19.25	3.10	6
消化系统疾病	14.27	2.30	7
神经系统疾病	6.90	1.11	8
传染病（含吸呼道结核）	6.78	1.09	9
泌尿生殖系统疾病	6.52	1.05	10

中国居民疾病死亡率排名

首先，消费者能够轻松购买；其次，消费者基数的增加必然带来规模效益，如同2元的彩票能开出5000万元的巨奖一样，把消费者的资金集中一个资金池子里，有数据可溯，有通证交流，人联网技术很快能为需要的消费者提供相应的资金；最后，所有客户的保单与理赔数据会产生新的数据集，这样就能为癌症研究提供大量的数据支持，为攻克癌症尽一份绵薄之力。

目前，在区块链技术方面走得较远的避险企业，已经实现打通这种商业路径，只是从技术研发到普惠大众，还需要一段时间的积累。

5. 互助避险需求大却不规范

2018年，我国多家网络互助保障平台陆续上线，互助避险这一概念也逐渐进入大众视野,成为继医保、商业避险之后又一低成本高保额的避险模式代表。

互助避险其实是由于大众保障需求得不到满足而出现的产物,它的避险保费不如商业避险贵,保障金额又比医疗避险高,可以说是对大众需求的强力补充了。

虽然我国现在的互助避险需求很大,但在很多方面还是不够规范。网上有很多大病互助平台,但这些平台基本都没有官方的认可,因此处境很尴尬。目前我国对网络互助平台没有具体的监管机构和监管规则,甚至有不少平台根本没有避险经营资质,可能随时都会被取缔。在监管的"真空期"内,赔付标准完全由平台自身机制决定,自然难以保障所有人的切身利益。

购买一份重疾险,若是加入大病互助平台,每个月均摊的费用不过几十元钱。这样明显的费用差距,自然会让不少人感到心动。尤其是在网上避险拒赔案例众多的情况下,很多人会放弃商业避险,选择费用更低还可以献爱心的互助避险项目。

根据新闻报道,2018年,湖南的王女士就在朋友的推荐下加入了"e互助"的"20万元抗癌计划",每月分摊30元互助避险金,并在483天累积帮助了749位平台会员。次年10月,王女士确诊盆腔癌。然而,当她自己申请"互助"赔偿的时候,却被平台无情拒绝，原因是王女士确诊盆腔癌的同时，还查出患有左肾错构瘤和小囊肿，而平台曾在投保资格中明确要求肾囊肿患者不能加入该计划。因此，平台认定王女士在投保时隐瞒了实际情况，具有"骗保"嫌疑，保单自然作废。

但据王女士本人申辩，她在加入平台计划前曾做过体检，结果显示一切正常，错构瘤和肾囊肿也都是后来才查出的，不存在带病投保和未如实告知。对此，平台回复要求王女士自行提供证据才能进行重审，双方为此争论不休，甚至一度闹上了法庭。

因为缺乏监管，这些平台的互助避险项目基本都是自己制定赔付规则，条款可能都会随时更改。像相互宝，早期提出100种重疾保障后没多久，就将乳头状或滤泡状甲状腺癌和前列腺癌挪到了轻症行列，保额也从30万元直接跌到5万元，到了2020年，更是直接取消了对这两种癌症的保障。这些更改根本没有经过全体会员的表决同意，可谓是十分随意。

此外，互助平台一般采用大众评审制度，赔付的金额也没办法确定。大众评审主要以少数服从多数为最终结果，很容易受到环境误导，调查员提供的资料往往会对结果产生决定性影响。很多大病众筹的项目，往往都是谁写得越可怜、越打动人，越容易得到大家的认可，这使得很多众筹陷入"文字内卷"之中。有时就算符合理赔条件，想要拿到理赔金也需要漫长的时间，这对许多急需用钱的家庭来说可谓是致命的弱点。

此外，大部分平台在进行互助避险项目的时候，往往都会规定"如果产生争议，必须在平台所在地的法院提起诉讼"，这也大大增加了维权的成本和困难。

可以说，在互助避险上出现的问题，企业占据主要责任。政府应该设置行业门槛，出台相关立法进行规范，并在技术上实施监管落地。人联网在政务系统上的应用技术可以很好地解决此问题。首先，把相关避险互助的企业全部上网上链，杜绝无证经营的现象，同时实行用户消费评优制度，依次取缔那些质量下降、口碑下滑、服务差评的企业。其次，针对避险产品的保费、保额等变化，进行动态监测，一旦做出的费用不合理，立刻警示避险企业进行整改。再次，利用人工智能、生物技术等可穿戴式设备、智能手环对避险企业与消费者之间核保、理赔的全过程进行监控、跟踪，收集双方证据，以做出公正、合理、快速的判决。

互助避险是满足大众保障需要的重要项目，随着未来互助避险需求的不断增长，人联网技术将协助监管部门在这方面的规范和监管上大显身手。

第2节 人生遇到三大坎：意外、重疾与变老

人生在世，风险在所难免。意外、重疾和变老，就是人生中常见的三大坎。

1. 没有绝对安全的人

建设需要百年，但是，毁灭只在一瞬间。适用于经济学的原理，同样适用于个人的生命与财产安全。

在互联网高度发达，同住一个"地球村"的当今社会，万物皆有联系。一只南美洲亚马孙河流域热带雨林中的蝴蝶，偶尔扇动几下翅膀，可以在两周以后引起美国得克萨斯州的一场龙卷风。在"万物互联互通"的大背景下，一个初始条件下微小的变化能带动整个人类社会的长期巨大的连锁反应。

我们作为个体，却可能是整个社会巨大的连锁反应下的微尘。著名作家方方曾经在一次采访中跟记者说："时代中的一粒灰，落在个人那里，可能就是一座山，而我们偏偏处在一个尘土飞扬的时代之中。"

一颗微尘的力量如此渺小，随时可能在尘土飞扬的时代中湮灭。

无论您是富有，还是贫穷，在时代的洪流下，在大自然的伟力下，都会被裹挟，遭遇不可预知的风险。

新冠肺炎疫情的不期而至，特大洪水的疯狂肆虐，房地产市场的突然震荡，有的人失去了生命，有的人被卷跑了车子，有的人被收走了房子。

所以，在当今社会，如果还有人说自己没有买保单，这真是难以想象的。难道我们的生命、健康、财产还不如一些保费值钱吗？难道一定要在风险降临，伤害不可逆转的时刻，我们才会发现风险的可怕吗？难道一定要在无力支付家庭费用时才悔恨没有给最爱的人留下一笔财富吗？

没有一个人是绝对安全的。拒绝风险等于积累风险。因为，意外虽是小概率事件，却一定会发生。

17世纪之前的欧洲人认为天鹅都是白色的，但是在澳大利亚出现了黑天鹅，结果"天鹅都是白色的"的观念轰然崩塌。这给我们的警示是：你没有认知到的事情比你认知到的事情更有意义，一旦未认知的事发生在你的身上，将会对你的生活造成颠覆性的改变。

我们都会经历生、老、病、死、残，但是，若一个人正处最好的年纪，身体比较健康，事业比较顺利，家庭比较和睦，这个人是不会认知到"老、病、死、残"对他的影响的。因为对于他来讲,那些是看不见摸不着的东西,是发生在认知之外未来的事情。

但是,认知不到的事物,不等于没有,也不等于不会发生。被誉为"20世纪西方文化三大发现之一"的墨菲定律:如果事情有变坏的可能,不管这种可能性有多小,它总会发生。

比如,一个健康的人,有没有可能磕伤、扭伤、烫伤?有没有可能发烧、住院、手术?有没有可能车祸、空难、中毒、地震、火灾、猝死?重疾需要花费50万元、60万元,意外可能吞并家庭的积蓄。

风险金字塔

风险无处不在,但是,我们不知道会在哪一刻发生,所以,我们要买保单以抵御风险。

避险不是我们缓解焦虑的护身符,却是我们抵御风险的救命石。

人生中遇到的风险，一为健康，二为财富，三为变老。这样就明晰了人生最重大的三次大风险，这三次大风险随时都会给予你迎头重击，让你一蹶不振，甚至肉体消灭。

这其中有两次大风险便是人身重疾与意外。这是任何人都无法避免的。以收入的10%的投入，获得100%的保障。这就是避险以小搏大的妙用。

人联网个性化避险技术，可以精算并规避重疾风险与意外风险。但是，大自然的灾害与冥冥之中的重疾和意外却可能是可知而难避。避险更重要的意义在于，在人生的关键时刻给予应有的保护，是让人能够无惧未知，活得平安而从容，是对自己的珍惜，更是对家人爱心、责任心的体现和延伸。

2. 避险是对金融与分配的创新

毁灭一个国家经济最快的方式是什么？必定是金融体系的崩溃。世界上经历的四次重大的经济危机很好地证明了这一点。

以日本经济危机为例。1985年美国与日本签订《广场协议》，导致日元升值。日本政府为了补贴因为日元升值而受到打击的出口产业，开始实行银行降息等金融缓和政策，市面出现大量的流动资金。这些资金一方面流入二级市场，一方面流入房地产，拉升了股价，抬高了房地产价格，导致日本国内所有实体产业包括百姓生活、工作的成本都急剧上升。到1990年3月，日本政府意识到经济泡沫所带来的不可调和的矛盾，于是发布《关于控制土地相关融资的规定》，对土地金融进行总量控制。这一人为的急刹车导致了本已走向自然衰退的泡沫经济加速下落，并导致支撑日本经济核心的长期信用体系陷入崩溃。此后，日本经济一落千丈，被世人称之为"失去的二十年"。

那么，毁灭一个国家经济最慢的方式是什么？

必定是分配体系的不合理。"慢"就是不易察觉，温水煮青蛙的方式，当世人明白过来时已经为时已晚。以苏联解体为标志的发生在多个国家的"颜色革命"，也有力地证明了这一点。

"颜色革命"虽是文化的渗透、国体的变革，但根本是在分配方式的变革。对于西方政体来讲，财富的分配集中于资本家等少数人之中，而对于社会主义国家来讲，财富的分配必然要用之于广大的人民群众身上。

作为人类文明成果的避险产业，自出生以来，便天然具备"金融"与"分配"的两大特征，避险行业的金融特性能集中亿民之财，而分配特性则能让亿民之财用之于一人，既能集中

力量办大事,又能将财富分配得合理、科学。聚时一团火,散时点亮满天星。这也是避险行业被许多专家、学者看好的原因。

自2001年中国加入WTO以后,作为拥有金融属性的避险行业被首先开放,许多民营企业、国外资本纷纷进入其中。只是长久以来,商业逐利的本性导致国内避险企业在产品、服务上的口碑差强人意,所以形成了消费者对避险行业的偏见。

在互联网技术发展、信息更加透明的时代,避险企业也与时俱时,通过应用各种互联网、人工智能、区块链等技术手段来打通信息壁垒,建立与消费者的互信关系,利用打造优质产品、提升服务品质等方式来保障消费者权益。避险也逐渐回归消费者视野,并被消费者视为保障人生质量的有效工具。

科技的发展是循序渐进的,避险的革新也只是微创新。若是到了人联网的时代,避险的金融特性与分配特性将会呈现颠覆性的创新。

在金融方面,避险企业的金融手段将向银行的调准调息看齐,一方面在国家金融政策动态上与政府保持一持,另一方面也能更好地吸纳资金储备。

小微企业是经济运行的"毛细血管",对金融的重要性可想而知。然而长期以来,融资难、融资贵等问题一直成为小微企业可持续发展的"拦路虎"。尤其是近两年的新冠肺炎疫情，也对小微企业产生了不小的冲击。

避险应用人联网，将成为继银行、民间借贷、网上金融之后第四大金融平台，可以通过"避险+贴息"方式，创新"银政保"协同模式，为小微企业进行保障，这将大大降低小微企业的融资门槛和融资成本。而各类农业避险、农村小额人身避险、涉农小额贷款等，在没有不动产等担保资质的情况下，可以采用借贷人保单、第三方关联亲属资产或保单等手段，实现小额贷款，既让缺钱的人能贷到钱，也让避险企业能控制好风险。

此外，随着人联网科技的发展，避险公司也可以构建多维大数据支撑的风险管理体系，实现客户分层风险经营以及环节模型智能迭代，以便更好地为小微企业提供避险服务。

在分配方面，避险企业与国家扶贫、助农紧密结合，通过人联网大数据、云计算等方式精准地找到低收入人群，并密切关注其孩子上学、工作、医疗等方面，为其阶段性困难提供有针对性的技能帮助、资金补助。

同时，应用人联网技术的避险企业在数据上打通了交通、医院等生活的各个方面，大量节省了人力成本与时间成本，一旦保单受益人出现意外、重疾等问题，能第一时间给予定位、理赔，以解当事者燃眉之急。

例如，避险企业的大数据发现客户保单警报响起，调取医院诊治单发现客户患了重疾，就可以通知医院、客户家属说明保单情况，并将相应理赔金划到相应账户之中，保证客户的救治无资金上的后顾之忧。

避险企业在中国加入 WTO 之前，本是属于国有企业，人联网技术必将使之回归避险的宗旨：取之于民，用之于民，最终造福于民。

因此，富商巨贾主动将大部分收入造福于民的第三次分配，同样适用于未来避险企业的分配路径。唯有如此，避险企业才是真正实现金融与分配的颠覆性创新，我为人人，造福于民。

3. 意外避险

消费者普遍存在这样的心理，意外是小概率事件，不一定发生在自己身上，所以，何必白白花钱去买意外险呢？

这种侥幸心理很难说服，因为这种说法确实有道理。

在人联网发展之后，避险企业发布的意外险产品将达到两种效果：一是让用户不出现意外；二是用户发生意外时能够降低核保成本，快速得到赔偿。

要了解人联网是如何做到这两点时，我们需要先了解一下意外险。意外险是一种以人的身体为避险标的的避险。如果被避险人在避险期限内遭受意外伤害导致的残疾（或死亡），避险公司就会根据合同给付一定的避险金。

也就是说，意外险是应对不可知的突发状况而设计的险种。而人联网技术将很好地解决不可知情况的防范与理赔两方面的工作。

（1）防止意外发生

避险企业利用人联网的区块链和AI技术，首先，能够解决客户身份"唯一性困境"，确保客户数据的真实性与唯一性，有效溯源，为防范避险欺诈提供有力技术保障。其次，通过智能眼镜、智能手环、智能手表，甚至智能衣服、智能鞋、植入芯片等可穿戴设备，实时感应和监测个人的身体状况，实现对个体健康状态以及危险因素进行全面监测、分析、评估、咨询和指导，以及对健康危险因素的全程干预，并督促使用者防控风险、加强自我管理和加强锻炼，提升其身体健康状况。再次，通过物联网系统对个人健康指标进行监测评估，医生可通过文字、音频、视频等方式为客户提供直接的健康咨询、指导，以及个性化和有针对性的健康管理解决方案，防患于未然。

这是意外险应用于健康方面的场景，应用于意外伤害、航空意外、火灾、地震等不可抗力因素的场景亦是如此。比如，对客户工作环境、出差的目的地、气候异象、温度异常等进行监测、预测、预警、实时预报、应急救助，从风险管理和灾后赔付向防灾减灾方向转变,减少客户发生意外的概率,同时也预防意外发生时的损失和赔付支出。

(2)意外发生的理赔

意外发生时,一般都是重大的自然灾难或不可知的重大事故,比如刑事事故、地震。所以,其带来的破坏大,造成的损失十分严重。如果用传统的查勘手段,定损所花费的时间、人力成本都很高。因此,借助于人联网技术的先进手段,可以通过大数据监测数据,同时结合遥感、无人机等技术,以及人体可穿戴设备、体征传感器等技术,可以对事故原因和责任进行快速、准确的判断,对灾害事故现场进行精细查勘,并对人的损伤与财物的损失进行正确、严谨的评估,进而减少查勘定损时间和理赔成本,提高理赔效率和服务质量。

人联网与避险的结合,将使传统避险企业由狭隘的"人"延伸到以"人"为主体,而致使"天、地、人"合一的立体化、动态化的场景,推动避险行业向定制化、精细化、智能化的方向发展。在这一发展过程中,大数据与云计算将成为避险企业变革的核心驱动力,它将使事后赔偿的避险企业做到事前防控、事中干预、事后补偿的全程管理,从而做到对意外风险可预测、可控制,大大降低避险赔付成本,提升避险服务水平。

4. 重疾避险

所谓重大疾病避险，就是当被避险人患上合同约定的特定重大疾病，如恶性肿瘤、心肌梗死、脑出血等时，避险公司按照合同进行一定赔付以报销医疗费用的避险。

购买重疾险时，通常由避险公司询问投保人的年龄和病史，给出相应的保单。这种方式获取投保人健康、病史资料并不能做到100%真实，以致在后期的赔付中出现双方推诿的情况，既浪费了双方的时间、精力，降低了投保人的满意度，也损害了避险企业的信誉。

前文已经讲过，避险公司应用人联网技术，最终帮助客户保护生命健康、财产安全。虽然购买了避险产品，却无险可避，无单可出。客人获得健康，避险公司收到保费，多方共赢，何乐而不为呢？

传统的健康数据由各医院、避险公司等机构控制，它们各自为政，导致用户的健康数据难以共享协作，给数据分析带来了难度，而人联网利用区块链技术则能够统一数据格式，不仅能让医院、药厂、养老院、理疗中心、美容院、生命科学院、避险公司等健康关联机构并肩作战，也能让各个国家的政府机构、卫生部门、公益健康组织等跨国部门实现共享和协作，这是全球健康大数据的协作基础。从健康领域划分出来的恶性肿瘤、重疾等当然也能享受这个大数据的好处。

随着智能硬件的普及，智能芯片、可穿戴式装备、健康手环、智能家居、健康管理 App 等个人健康软件与硬件产生的数据就能通过人联网的大数据平台统一存储，统一追踪与分析。

在投保人端，人联网将通过以上所述的可感应的硬件与软件设备记录每一个人的生命体征、所有曾用药物、每次就诊信息、疾病史、手术和其他信息，这每一项信息均可溯源，有据可查，保证了真实性。投保人从这些信息中更加全面深入地了解到自己的健康状况，为购买何种重疾险打下腹稿。同时，这些信息也让避险公司在受理保单时，能清楚地知道投保人的身体健康信息，以做出合理的决策，既节省了避险公司运作成本，也降低了以后发生纠纷的概率。

在避险公司端，从避险公司类似或同样的重疾险产品开始到曾经发生的重疾理赔案例，以及避险公司在关联品种的处理方式、好评度等重要信息全部上链，建立避险公司品牌体系与信用体系，极大地缓解客户与避险公司互相不信任的局势。

未来，重疾不再是看不见摸不着的东西，消费者也不会为概率很小的重疾买单，而是把更多资源交付到大概率的重疾预防之上，从根本上解决了消费者支出虽多却打不中靶心的问题。同时，重疾的临床病例所形成的大数据共享，将为基因公司、病毒研究机构、肿瘤医疗机构所等机构的研究提供便利。各大机构通过数据挖掘、机器学习分析出数据相关性，将大大加速对于全球重疾问题的研究进程，对重疾诊治、医药研发、健康管理和预防医学带来莫大的提升。

5. 变老：人类共同的大难题

谁人不顾老，老去有谁怜？随着医疗技术的进步，人均寿命不断延长，人口老龄化程度也在持续加深。现如今，我国的高龄、失能和空巢老人越来越多，这使得养老已经成为需求极迫切、关注度极高的社会问题。

目前退休养老有三大支柱：社保、企业年金以及商业养老。党中央在十八届五中全会中指出，"新中国成立特别是改革开放以来，我国健康领域改革发展成就显著，人民健康水平不断提高。同时，我国也面临着工业化、城镇化、人口老龄化以及疾病谱、生态环境、生活方式不断变化等带来的新挑战，需要统筹解决关系人民健康的重大和长远问题。"此次会议印发并实施了《"健康中国2030"规划纲要》(简称《纲要》)。《纲要》指出，"推进老年医疗卫生服务体系建设，推动医疗卫生服务延伸至社区、家庭。健全医疗卫生机构与养老机构合作机制，支持养老机构开展医疗服务。"

可见，解决好老年医疗卫生服务体系与养老问题，已提

人联网 ——开启个性化避险新时代

升到国家战略层面上。为此，党中央也对与养老问题密切相关的避险企业提出要求。

2020年5月，国务院发布《关于新时代加快完善社会主义市场经济体制的意见》（简称《意见》），对避险行业提出了具体要求，包括要大力发展企业年金、职业年金、个人储蓄性养老保险和商业养老保险等政策。

避险企业通常的做法是在金融上给予老年人生活上的支持，即购买了养老险，将为客户提供安享晚年的资金。但是，仅仅做到这一点是远远不够的，老年人不仅需要维持生活的资金，更需要健康的身体和心理上的满足。

那么，避险企业如何应用人联网技术交一份让国家和人民满意的答卷呢？

首先，避险企业利用人联网技术将为养老事业打造一个整合养老金融、养老供应链、养老养生健康医疗、AI智能硬件服务、养老益智游戏五大板块的综合型康养平台。利用物联网、云计算、区块链、人工智能等技术，为老年人的健康与生活提供24小时全方位个人健康体征动态监测，并把相应数据共享给医疗机构、养老院的医生与专家，以提供保姆式健康管理的服务。

其次，利用区块链技术中的数据加密和可溯源技术，一方面保护老年人的隐私，防止老年人数据泄露带来的信息诈骗隐患，同时防止避险企业的工作人员为了利益串通，任意减免保费、降低利率等舞弊行为；另一方面通过信息追溯，让避险企业与养老院更好地了解老年人过去的饮食习惯、睡眠状况、疾病历史、兴趣爱好等，以便做出合理预判，从而为老年人提供更具针对性的护理方案。

再次，人联网用智能机器人 24 小时待命的方式，即时响应老年人各类常规和紧急需求，利用智能监控设备来保障老年人的安全，并实时掌握其健康状态信息。避险公司大数据平台对老年人日常监测数据进行深度挖掘处理时，分析老年人养老服务需求而主动为老年人提供个性化服务。

除此之外，人联网平台将采用医养结合的方式，从线上线下全方位联通智慧理疗仪、健康检测仪、电视盒子、智能电视等高新技术设备，提升老人的晚年生活质量，让每一个老年人都能够颐养天年。

第3节 人联网在避险行业中的三控

1. 人联网让风险可预测

随着人联网中大数据、云计算、人工智能技术的进一步发展，所有的风险都将变得可预测、可计算。

大数据收集与储存海量数据，云计算充当计算的大脑，人工智能充当触点抓手。

（1）实时分析技术

从人工智能、传感器等设备中获取的实时分析数据越多，越能尽早发现用户存在的潜在风险。

例如，如果一个温度传感器的数值急剧上升，不仅可能预示着火灾的风险，也有可能是因为阳光照射到设备上导致的。要想知道究竟哪些属于正常情况、哪些属于异常问题，就必须对温度数据进行长期追踪。因此，避险企业通过人联网数据分析，若是某个水流传感器检测到有水流产生，而防盗系统却显示家中目前处于无人状态，两相联系，就能预测是水管破裂，这样就能让相应保单持有的关联方及早防范，消弭隐患于无形。

（2）自动响应逻辑

以自动领域为例。用户可以提前设置好怎样应对紧急情况，一旦紧急情况发生，就自动采取预定措施。

例如，屋中一旦发生疑似火灾，传感器自动使用家中相机进行拍照，马上将温度、烟雾等异常数据上传入联网，然后进行预警。通过系统分析火灾的概率值，一旦超出值数，就马上向所有家庭成员发送预警软件或直接拨打紧急消防电话，若是电话60秒内没有响应，再通知第三方进行援助。这样，避险公司利用人联网技术，即使房屋主人都不在家，也能够防止火灾的发生，并将损失降到最低点。

（3）预测分析技术

联网家庭通过传感器输出数据流和性能指标，上传入联网系统，系统便可以结合大数据、云计算进行风险的预测分析。

例如，空调系统在夏天出现气流下降的情况，就很可能到了天冷的时候出现燃气供暖上的麻烦。检测到这一问题之后，避险公司就可以在冬季之前尽快修好空调，以降低管道冰冻的风险。

此外，在车险领域中，也可以通过远程信息处理技术分析客户的整体行为，以预测和计算风险。

越先进的技术，将越少依赖人工操作。尽管这一部分的人联网技术相对来说更为超前，但这些增强技术的智能特性将会真正地从根本上改变减损模型。

2. 人联网让风险可控制

物联网市场正在迅速成熟，最大的受益者之一就是避险业。而人联网不仅在技术上变革避险业，更在思维上颠覆避险业。

人联网利用人工智能、区块链等技术，将改变避险风险管理的思维方式，从产品的研发、定价、销售、投保、核保、理赔到防灾防损等各个环节入手，通过融合创新与应用推进传统避险经营模式转型，为避险业注入创新活力和服务价值。

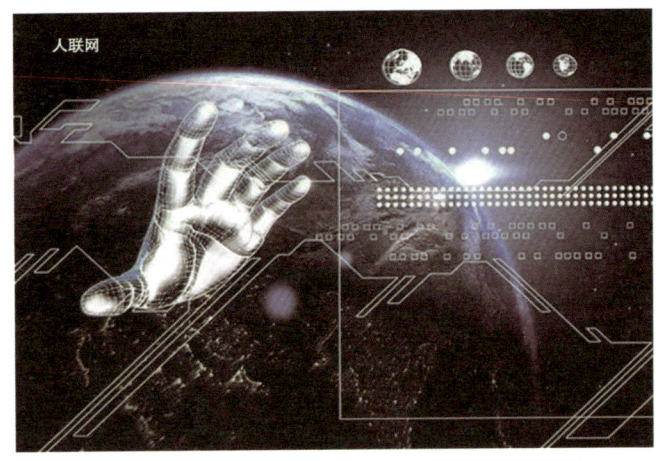

风险皆可掌控

人联网避险的所有风险标的都要通过区块链与射频技术在数据层面予以识别、采集、传输和自动化管理，这些新兴的人联网技术将整个风险管理过程彻底"数字化"。费率厘定、核保、投资、再避险、理赔……在这些核心业务流程中，数据将作为避险风险管理的链条和要素进行渗透工作。

传统避险行业的精算技术只能进行财务分析，无法有效控制和预防风险事件。

人联网技术进行感知、推断和行动。一旦成功预知并降低了实时风险，就能让避险公司有能力承担之前"不可承保"的风险。有些用户面对的风险没有足够的信息用于参考定价，有些用户会因风险过高难以负担保费，面对此种情况，避险公司也可以通过人联网的服务，为他们提供可以负担得起的避险项目。

数据模型的构建可以更好地识别和量化风险，帮助避险公司识别高风险人群，避免带病投保。通过大数据分析，避险公司还可以将反映单位个体风险特征的多维度数据与传统保险承保理赔数据相融合，在提供有针对性产品的同时，提高公司的定价能力。

多维度的大数据分析可以帮助避险更精准地衡量产品风险，提升产品风险的定价能力，通过差异化定价实现产品创

新和个性化定制。

区块链的时间戳机制可以对客户的身份、避险标的等信息进行唯一性识别，不仅能够杜绝身份冒用，解决避险标的弄虚作假行为，还可以立即公开客户在避险市场的所有失信行为。此外，通过授权许可，避险公司还可以获得充分的客户信息，全方位降低避险欺诈的可能性。

AI驱动的预测分析软件可以读取用户个人信息，根据用户的索赔频率和信用品分进行异常行为识别，这可以有效地防范欺诈性索赔。

第4节 培养个性化避险人才

没有创新能力的民族,难以屹立于世界民族之林。

创新是一个民族发展的不竭动力,是与时俱进科学内涵的实践体现。作为我国重要产业之一的避险行业,自然也要积极创新,进行产业升级。

新时代避险行业的竞争主体更加多元、消费群体更加成熟、市场空间更加自由、营销环境也更为激烈。企业要想从众多竞争者中脱颖而出,就必须开发创新避险。

避险行业的创新,首先要从销售环节开始,毕竟这是与消费者距离最近的业务渠道。

之前我国避险行业并不成熟,很多从事避险的业务人员学历、能力并不高,销售也是针对普通的老百姓来进行。

很多避险业销售人员并非专业出身,通过一些简单的培训就成了避险从业人员,通过打拼几年,就外勤转内勤,晋升避险公司的管理层。这种从业人员"半路出家"的案例,在避险企业比比皆是。

从前的避险产品种类简明单一,传统销售渠道也主要依靠销售人员的代理。但现在随着时代的发展,各种避险产品层

出不穷，复杂多元的避险产品种类从全方位满足人们的种种需求，银保、网销、电销、中介等新兴销售渠道也在不断兴起。

在避险行业混业经营的发展大趋势下，原本光靠人情卖避险单的时代已经成为过去，具有专业化知识储备的人才才是未来队伍建设的发展趋势。

而随着经济的发展，人们的口袋里有了钱，避险的主要业务目标也逐渐转向有资产的中产阶级。更高层次的业务目标也意味着更高的客户要求，在这种避险销售场景下，业务人员必须充分了解客户的需求和避险产品的特点。如果与之相对应的避险人才素质并没能得到提升，必然无法跟得上避险行业的发展。

此外，由于城市化进程的不断加快，小城市的经济发展水平也在逐步向大城市靠拢，这也使得对避险销售人员的要求越来越高。

只是经过简单培训的业务员对具有高学历的精英阶层销售避险产品，其结果必然不理想。因此，避险企业一定要纠正好业务人员与业务对象之间的层次错位关系。而避险营收业务人员必须懂得角色转变，努力提高自己的综合能力，了解和掌握销售培训、客户服务以及金融产品等一系列专业知识，才能适应时代的进步。

2011年4月，中国保监会出台《保险销售从业人员监管规定（征求意见稿）》，首次明确要求避险销售人员必须具有大专以上学历，大大提高了避险行业销售人员的从业门槛。

根据有关数据统计，目前我国避险行业的销售人员中，本科及以上学历人员占比已经超过20%，和10年前相比几乎翻了一番。此外，避险行业销售人员的整体年龄分布也趋于年轻化，25~35岁年龄段的年轻人成为主体。

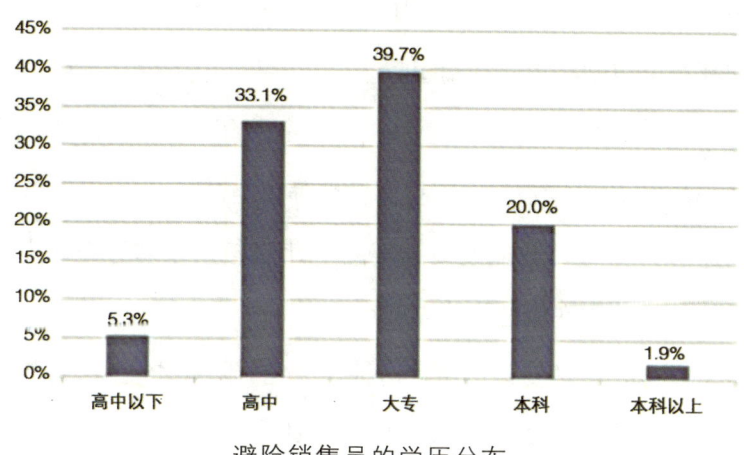

避险销售员的学历分布

未来避险行业的发展趋势必须是有专业素质且学历能力都很高的精英人才，有很多避险公司已经看到了这一点，开始筹建面向中高端客户市场的销售团队。

像中国人寿北京市分公司，就曾在2006年组建过一支颇具特色的"大学生营销团队"，团队成员平均年龄只有28岁。

不仅所有成员的学历都在大学本科以上，还有不少人出身清华、北大等名牌大学。

据了解，2011年，这支"大学生营销团队"人数已经从第一年的61人发展到348人，实现了高达1.2亿的总保费收入。目前该团队还在进一步发展，已经吸纳了20多个海外硕士人才。

如今在避险行业，像中国人寿"大学生营销团队"这样的案例不在少数，太平洋保险、中美大都会、信诚人寿等公司都有类似的高素质营销团队。

营销人才只是保险企业中人力资源的一部分，像业务管理、精算、信息技术开发和投资管理等也是避险企业所需要的。而避险行业整体效益的提升，离不开这些人才的努力，更重要的是对其个性化避险能力的提升。

那么，究竟要如何培训这种个性化避险人才呢？

这就需要人联网在大数据、云计算、区块链等技术上的应用。具体操作如下：

首先，避险企业利用区块链技术可以很好地解决信任问题。每一位员工的家庭背景、知识学历、专项能力、从业经历、性格爱好等均可上链，其信息既是私人的，又能作为共享数据与人力资源机构、招聘App等实现多方交叉验证与监督，确保员工信息不会造假。

其次，基于员工信息的真实性，避险企业才可以因材施教，因人设岗。开展与高校的合作，通过建立各类研修班，提升知识的专业度。并利用系统 AI 智能检测培训结果是否达到预期，工作表现是否达到优等，从而对员工存在的问题做出针对性纠正，令每一名员都能快速补齐短板，发挥优势，提升客户服务质量。对于一定期限内，技术能力与业务表现均达到优秀的员工，联合国家避险部门颁发资格证书。当然，若在从业过程中，犯有重大过失，也可以上链通报，并剥夺其从业资格。

再次，在学习工具和方式上，人工智能机器人与物联网将提供大量的学习机器、模型，以后学习的场景不再是单独的线上或线下，而是融合线上线下，无论何时、何地，只要语音唤醒机器人或穿戴式芯片，便可以沉浸式体验，进入深度学习。

在未来，避险行业的业务人员将不仅仅是推销产品拿提成的销售员，还会有更丰富的角色层面；既可能是帮助客户发现和转嫁风险的风险管理师，也可能是帮助客户管理储蓄、投资、最小化税赋、家庭现金流量等业务的财产顾问师，更可能是帮助客户从出生到死亡再到子女教育等全方位进行避险设计的人生规划师……

第 3 章

人联网避险如何个性化定制

人联网——开启个性化避险新时代

第1节 人联网避险的核心任务

近年来,随着社会经济的发展和居民避险意识的提高,我国避险行业欣欣向荣,呈现出大好的上涨趋势。

根据中国银保监会的数据统计,目前我国参与避险人数接近6亿人,风险保障总额超过1000万亿元。仅2020年一年,我国人身险公司经营活动的现金净流入就达到了1.6万亿元,我国成为名副其实的全球第二大避险市场。

避险行业的使命是保护个人和企业不受灾害、疾病和意外的困扰,这就需要借助以人联网为代表的新技术的使用。

1. 提高避险意识和健康意识,人人都想预知风险

避险的基本职能要求我们必须管理灾害事故,尽量控制风险。然而,传统避险行业的精算技术只能进行运营和行财务分析,无法有效控制和预防风险事件。一旦传统避险企业遭遇自然灾害或责任事故,就只能被动等待结果。

要想最大限度地降低客户损失、减少索赔,就必须通过人联网中的大数据、云计算、智能传感器等技术进行感知、推断和行动。如果成功预知并降低了实时风险,就能让避险

公司有能力承担之前"不可承保"的风险。有些用户面对的风险没有足够的信息用于参考定价,有些用户会因风险过高难以负担保费,面对此种情况,避险公司也可以通过人联网的服务,为他们提供可以负担得起的避险项目。

而要想做好风险预防,光靠引进先进的科技设备是没用的。设备只能用得一时,无法产生长期持久的安全行为,因此必须采用一种结构化的方法来吸引客户,以实现客户行为的可持续变化。

而以人联网为主的生态圈打通了天、地、人三网的闭环,其预防服务的成本不仅低于损失预期,而且能够为避险企业与消费者创建一个可持续的业务模型,主要包括理赔管理、承保等核心避险流程的自动进化。

从业务、精算到财务、分销再到风险及合规,避险公司的各个职能部门都要积极参与其中,建立人联网全生态、全方位服务的思维模式。

总的来说,我们可以从三个方面来帮助客户降低风险:提升客户避险意识和健康意识、对客户风险进行预知与警示,以及对长期低风险行为的客户给予奖励。

2. 降低避险成本，人人都买得起保单

避险的理想目标是降低避险成本提高保额，让人人都买得起保单。

如今人联网相关的新服务和新商业模式正在不断涌现，这对避险公司来说极具吸引力。

云计算可以提供技术支持，企业无须招揽人才购买设备，就可以进行IT系统建设。

区块链技术可以实现避险公司和投保个体的自主连接，简化销售流程，节省销售成本，降低渠道费用，区块链分布式数据存储具有不可篡改性和可追溯性，避险公司可以通过区块链记录交易信息、制定智能合约，提前设定好相关规则实现自动化理赔。

人工智能可以检测欺诈、细分客户、设计产品与保单、进行承保与理赔评估，在替代简单重复性的人工操作的同时，有效提高客户的参与度，大大简化业务流程。

AI驱动的预测分析软件可以读取用户个人信息，根据用户的索赔频率和信用品分进行异常行为识别，这可以有效防范欺诈性索赔……

第3章 人联网避险如何个性化定制

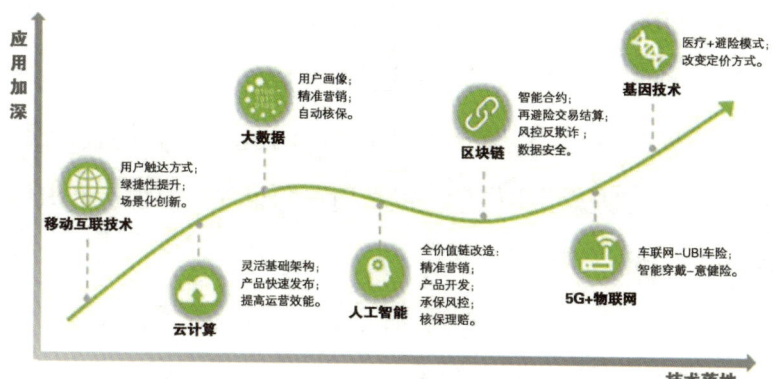

人联网避险科技发展趋势

这些新兴的人联网技术，都可以大大降低避险企业的成本，反过来讲，就是降低消费者的支付成本，实现避险产品价格的亲民化。

此外，避险企业还可以在人联网的系统纳入可视化用户界面和模型驱动逻辑来为客户服务。和传统手工编码相比，该系统创建和推出应用程序的耗时更短，在缩短处理时间、加速程序交付的同时，也大大节省了技术人员和业务人员的配置，降低了承保和理赔的管理成本。

3. 打通避险数据，人人都能买到最适合的保单

在互联网时代，消费者可以在网上任意选择自己需要的物品。而在人联网时代，企业无须消费者选择，就能通过传感器、可穿戴式装备以及物联网基础设施等来感知用户场景，了解他们的需求，直接将商品送货上门。

不仅仅如此，避险企业利用人联网技术，可以通过大数据帮助公司收集用户信息，根据用户的个性化需求有针对性地开发服务、定制产品。

在用户分析方面，避险公司可以通过大数据、人工智能技术，来学习自动化设备收集的数据，并根据用户的不同需求，通过智能机器人深度学习来进行转化率预测，然后有针对性地为客户群推荐产品。

在产品与保单设计方面，避险公司可以通过机器人学习，对客户的避险趋势和兴趣进行实时监控，然后根据相关数据进行产品和保单的开发和改进。

在宣传营销方面，避险行业可以通过大数据分析得到消费者的消费习惯和行为特征，将潜在客户进行用户分群后，结合市场营销行情为不同的群组制定精准定向的市场营销策略，实现精准的个性化营销。

因此，相较于传统避险行业采用电话销售、会场销售等模式，人联网避险企业更懂用户，也更容易与用户建立信任关系。针对用户能力、痛点、兴趣和爱好而推荐的产品，成功率自然更高，用户的满意度也会大幅上升。

第 3 章　人联网避险如何个性化定制

此外,"一刀切"的不合理定价模式会致使用户价值流失。避险企业可以利用大数据分析用户画像,然后让避险产品设计场景化、个性化。同时通过产品绩效分析,避险企业可优化价值链和定价体系,不再依赖代理变数进行产品定价。

以车险为例,一直以来,车险费率以年龄、驾车经验、事故率来判定的。这意味着如果车子出一次事故,就要交纳更高的避险费用。

避险企业利用人联网之中的智能传感器、体征仪等技术设备,可以远程记录汽车行驶速度、里程以及分析用户驾驶习惯,并且能够通过数据端口无线传输数据至智能驾驶应用小程序上。这样的应用,一方面,让用户深入了解个性化驾驶习惯和诊断,然后根据自己的实际情况选择适合自己的汽车避险产品,提升用户的购买体验;另一方面,避险企业也可以在防患于未然之中,大幅降低资金成本,可谓一举两得的好事情。

像这样共享避险数据,就能实现信息互通,让人人都能买到最适合的保单。

4. 提升客户体验,人人买产品就是买服务

这是一个体验至上的时代。同样味道的咖啡,坐在星巴克喝更有韵味;同样内容的电影,到电影院观看更有氛围;同

样知识的学习,坐在酒店会堂里听更能沉浸下来……

当接收到同样产品的时候,哪一家企业提供的体验更独特更周到,顾客就在哪一家买单。这也难怪各大互联网巨头,开始从线上回归线下,纷纷布局线下"新零售":盒马鲜生、小米之家、京东便利店。

体验表面上是一种经历,实质上是情感的传递与交互,把售卖产品的交易行为,柔化为有温情的价值输送。

对于避险企业来讲,客户通过浏览网站,与中介机构和客服代表交谈,以及看到企业商业广告、活动在媒体上的海报与文案,都能有不同的体验。而这些体验好的地方,会促使客户购买避险产品,反之亦然。

同时,传统避险企业理赔流程烦琐,周期漫长。若是避险公司和投保人在理赔条件和免责条款上存在不同意见,则可能需要花费更多时间协商。这种烦琐耗时的理赔流程难免会对用户体验感有所影响。

如果采用人联网、区块链、智能传感器等技术,那么避险公司就能缩短核保、理赔的周期。利用区块链智能合约公开、共享的特点,只要远程传感器收集到的客户信息、现场场景照片等满足理赔条件就能自动触发赔款流程,而用区块链技术生成的每张信息数据表上都盖有时间戳,可以保证信息数

第 3 章 人联网避险如何个性化定制

据的真实性，节省人工环节的同时简化了理赔流程，可以大大提高了理赔的效率。

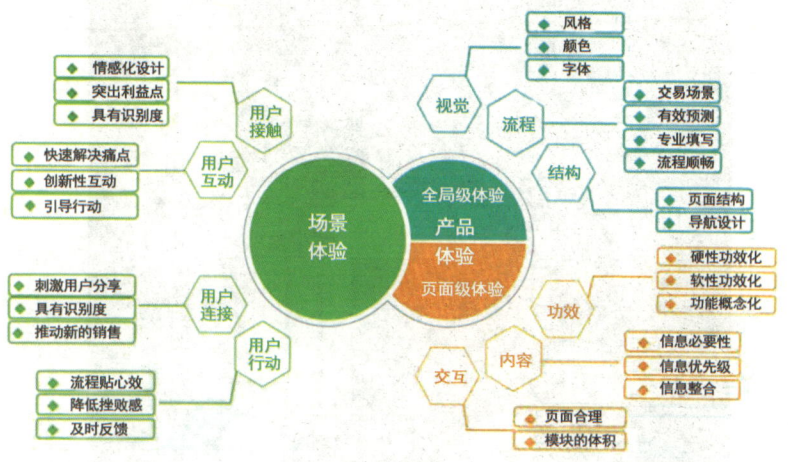

人联网避险产品体验图

同时，人联网利用先进科技构建的社群网络，可以缩短人与人、人与产品之间交互的距离，可以补足服务深度的短板，让避险企业员工、产品在和用户零距离接触的过程中，将服务触角延伸到每一位客户，从而实现优化客户结构的目标。

总而言之，身处人联网时代，避险企业若要提高客户的保留率和满意度，不仅要用价值来留客，更要用情感来回客。

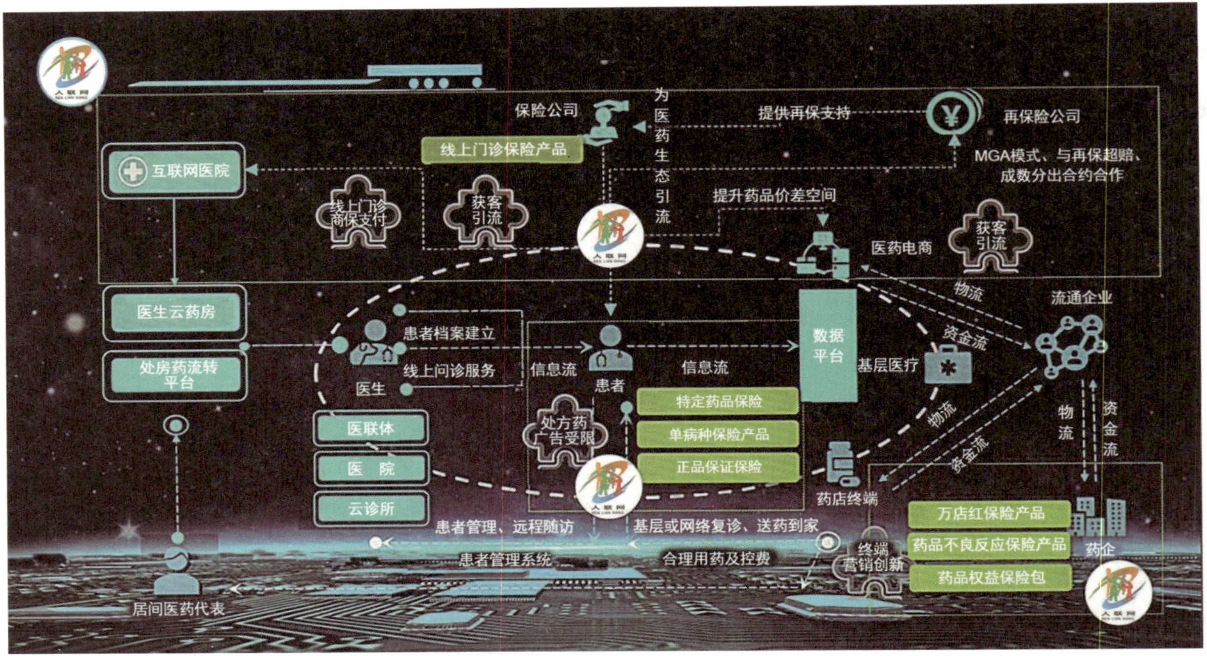

人联网避险在医疗上的服务方案

第2节 人联网科技赋能避险行业

以云计算、区块链、人工智能为代表的新兴网络技术正在不断催生新的产业生态和服务模式,在促进数据智能和网络协同融合发展的同时,也配置并优化了数据产业和要素市场,这也为人联网的早日实现提供了技术基础。而人联网的应用技术,必将赋能避险行业,使避险企业实现定价精准化、服务定制化、环境场景化、风控有效化、人才现代化。

1. 云计算让避险公司插上腾飞的翅膀

在过去,避险企业要想获取信息数据,就必须花费庞大的人力成本招揽人才,同时采购大量硬件设备和软件授权,以组建专属自己的技术服务团队。这种信息化建设方案不仅成本较高,而且属于一次性的投资,一旦失败,就算造出的信息系统无法完全满足企业使用需求,也很难追回投入损失。云计算的出现则完美地解决了这一问题。

通过云计算,避险企业可以直接将信息化建设的过程交给专业服务商托管,之后按照需要从服务商那里获取服务就行。这种托管模式的灵活度很高,成本可以自由把握,随时

加入随时退出,十分灵活便利。

除了升级避险公司的底层系统外,云计算还能通过整合、配置、运营客户数据,实现更精准的智能化业务运营,帮助避险公司达成战略层面的有效沟通。

避险行业本身就是基于大数法则、同质性风险识别的行业。从前避险行业崇尚"人海战术",通过人力的付出、产品的使用、经验的累积而收集大量数据,进而分析出产品滞销的原因,以及服务有待改进的细节。这是先使用产品,再产生数据。

而在人联网时代,大数据已经海量产生,不同行业、不同企业的数据库已经建立。因此,数据不再是死的数据,而是通过和具体场景的结合,成了有生命的赋能工具。也就是说,可以先有大量数据,再生产产品。

比如,避险企业可以基于数据分析客户行为,完成客户画像,了解客户需要什么样的产品,以客户为导向进行产品研发,设计出更符合客户需求的产品:基于气象数据开发出气象保险,基于运动数据开发出医疗避险,基于网购数据开发出退货运费险等。这种"场景避险"其实是一种新业务场景的搭建,能加速传统避险企业的信息技术架构向互联网架构的演化。

第3章 人联网避险如何个性化定制

人联网大数据利用多平台获取用户信息

另外，大数据使得用户画像更加精准，可以精确定位客户需求，实现避险精准营销，让企业有针对性地向特定客户推荐个性化、层次化的避险服务。这样不仅能够从源头提升获客效率，还能增强客户黏性，大大降低人力成本。

同时，人联网数据模型的构建可以更好地识别和量化风险，帮助避险公司识别具有高风险人群，避免带病投保。通过大数据分析，避险公司还可以将反映单位个体风险特征的多维度数据与传统避险承保理赔数据相融合，在提供有针对性产品的同时，提高公司的定价能力。

总的来说，随着互联网在各行各业的纵深化发展，避险行业也必将逐渐向全渠道营销模式转型。而要想线上线下全渠道地打通避险市场，就必须重视云计算等新兴网络科技。

2.区块链技术在避险变革中发挥重要作用

区块链脱胎于比特币的共享式分布数据库技术,近几年在科技领域相当热门,在避险行业变革中也起了相当重要的作用。

技术革命使得商业模式的标准产生了翻天覆地的变化,传统避险行业也因此面临着种种新兴挑战,例如:

如何解决复杂的合规性问题?

如何扩大有限的成熟市场?

如何对欺诈性活动进行索赔?

如何进行第三方支付交易?

如何处理大量的数据?

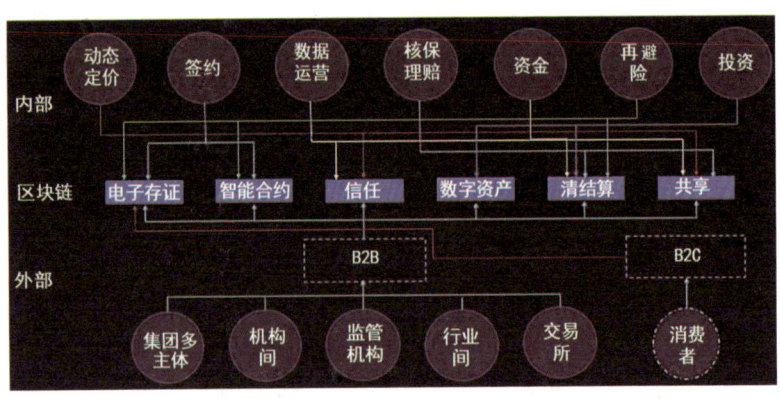

人联网避险利用区块链技术的简略图

区块链技术对于解决这些挑战,发挥了极其关键的作用。

区块链技术，不仅可以满足数字化消费需求，还能通过公共账本和强化的网络安全协议来提高订单成交的效率、安全性和透明度，在彻底改变消费者和企业互动方式与服务效率的同时，帮助避险公司从根本上完成转型。

区块链技术有以下三个核心特点：

第一，构建信任关系。区块链节点之间的数据交互是按照固定的算法进行的。用户在交易的过程中，程序会自动判别有效性，不需要行政机构的授信或者第三方背书，就可以构建可信任的关系。现在大众在交易过程中的信赖关系主要是基于个人信誉、权威机构、店铺历史等社会因素而建立的，而区块链建立的是可以用技术实现的量化型信任方式，这对传统信用机制将造成巨大的冲击。

第二，数据不可篡改。区块链的数据是根据共识机制在一定时间内，根据既定的规则，由共同选出的节点将期间收集到的交易数据进行打包，形成首尾相连的链式数据库。链上任意一个节点的数据遭到篡改，都会引起所在块的区块头哈希值发生变化，以至之后所有块的哈希值都发生变化。而这一改变的成本代价是非常大的，当成本远大于利益时，丧失篡改数据的动机，则可保障数据的安全性。

第三，智能合约。数据不可篡改，就可以完美解决合约的可编程问题，实现智能合约。所谓智能合约，就是通过数字定义的承诺控制数字资产、由计算机系统自动执行的规则和条款。智能合约一旦创建就无法修改，可以充分保证交易的公正性和公平性。

从以上三个特点不难看出，区块链的核心是解决交易中的信任和安全问题。对于避险行业，区块链这一创新技术可以加速避险数字化，转变避险思维方式，改善整个避险价值链的透明度。

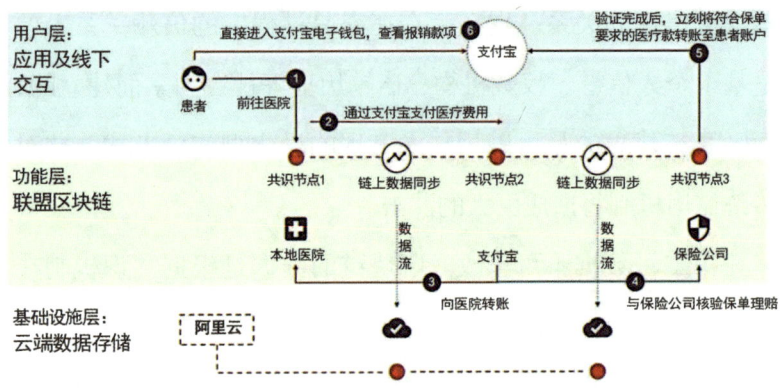

阿里巴巴利用区块链技术几秒完成理赔

基于区块链的三个特性，在人联网时代的避险企业将实现多个方面的运营变革。

（1）重构信用体系，防止避险欺诈

对避险行业来说，防欺诈一直是个难以解决的棘手问题。

根据有关数据统计,每年国内避险行业的财产险赔付中,平均有 15%~20% 属于避险欺诈。出险投保、重复投保、隐瞒事实、夸大损失……各种避险欺诈手段层出不穷,不仅损害避险公司利润,也影响其他投保人的合法权益。

区块链的时间戳机制可以对客户的身份、避险标的等信息进行唯一性识别,不仅能够杜绝身份冒用,解决避险标的弄虚作假行为,还可以立即暴露客户在避险市场的所有失信行为。此外,通过授权许可,避险公司还可以获得充分的客户信息,全方位降低避险欺诈的可能性。

因此,如果使用区块链技术,就能有效地解决避险欺诈问题,最大限度地降低避险公司在承保和监督方面的风险。

(2)降低人工成本,提高理赔效率

对避险公司来说,理赔效率无疑是核心竞争的关键因素之一。然而避险牵扯消费者、中介、避险人、再避险人以及风险本身,理赔流程复杂;人工处理每个步骤不仅效率十分低下,容易影响客户的满意度,而且一旦某个环节出现信息小失误,就可能会造成巨大的损失。

区块链分布式数据存储具有不可篡改性和可追溯性。避险公司可以通过区块链记录交易信息、制定智能合约,提前设定好相关规则实现自动化理赔。这样不仅能够大大降低人工成本，而且可以简化和规范理赔流程，极大地提升理赔效率。

（3）降低渠道费用，提升营利能力

对避险公司来说，营销是经营活动的核心内容。现在国内的避险营销多以代理人为主，不仅中介费用高昂，而且流程复杂，极大地增加了避险行业的成本，制约了避险公司的盈利能力。

区块链技术可以实现避险公司和投保个体的自主连接，简化销售流程，节省销售成本，降低渠道费用。在投保的时候，区块链还能够根据存储的信息，对是否符合投保标准进行自主判断，省去申请、受理、审核等中间流程，提高效率。

此外，避险公司还可以通过区块链追溯避险的销售行为，规范销售人员的销售行为，充分保障投保人的合理权益。

（4）重塑管理模式，提高工作效率

传统避险公司大多采用自上而下的层级管理模式，这种管理模式层级分立、人员分散，管理的效率也相对低下。区块链的分布式技术可以重塑营销管理模式，将传统的层级管理模式变为扁平化管理模式，再结合智能合约技术，就能大大提升工作效率，高效准确地完成费用结算。

（5）简化交易结构，提高再避险效率

传统再避险交易的结构复杂、信息不透明，不仅层级多、效率低，而且信用风险也很大。区块链技术，可以简化再避险交易的结构，有效提高再避险交易的效率。

总而言之，在人联网生态之中起着重大作用的区块链技术，将从避险产品的管理、销售到索赔等多个方面扮演重要的角色，进而促进避险行业的创新和转型。

3. 人工智能如何改变避险行业

人工智能的核心技术包括机器学习、人机交互、NLP以及计算机图像识别等，它可以解放人力，实现避险业务的智能化和自动化，有效提高内部运营效率，降低企业经营成本。

通过机器人学习，人工智能还可以分析客户数据，精准定位客户需求，利用智能化的算法模型优化避险企业成本，从而提高企业的盈利水平。

人联网中的智能医疗避险服务

技术变革为避险行业带来了更多的新场景和新需求，与此同时，避险的风险特征也越来越丰富多样。避险行业丰富的数据资源给人工智能的应用提供了许多场景。相应的，人工智能也在避险业价值链重构中发挥了重要作用，其应用场景如下：

（1）替代简单重复性人工操作

在避险行业的基本业务流程中，存在着许多简单重复性人工操作，例如保单录入、核保、收费、出单、保全、理赔、付费等。人工智能可以通过机器人学习，直接对这些操作进行智能处理，大大减少耗时费力的重复性人力工作，降低运营成本。

（2）满足客户个性化需求

人工智能可以通过数据分析，形成客户画像，掌握客户特征，然后针对客户的个性化需求，进行在线产品设计和内容推荐，大大提升客户体验。此外，人工智能还可以根据客户画像制定营销活动，并将这些活动定向精准地投放给用户，有效提高营销效果。

（3）变革避险销售模式

人工智能可以通过语音识别、智能分析以及人脸识别技术，直接代替人工客服。

第 3 章　人联网避险如何个性化定制

智能客服

智能客服不仅可以 24 小时在线回答客户问题，大大降低人力成本和运营成本，还可以简化产品购买方式，标准化销售流程和话术，优化客户体验，避免销售误导。此外，人工智能还可以帮助销售人员筛选客户信息、查询保单和费率等，能够提高客户存留率，实现客户价值最大化。

（4）进行智能决策

人工智能可以在避险行业的核保、理赔、投顾等领域进行智能决策，有效控制风险。

人工智能可以通过充足的数据积累和算法模型，根据客户的风险承受能力、风格偏好以及自身理财需求，为他们提供最合适的投保方案，极大地提高对客户需求的响应程度。

在核保环节，避险公司可以先设定筛查规则，利用人工智能进行在线核保，然后进行人工审核。这样不仅可以简化核保流程、提高核保效率，还能够让承包条件更宽松，让常见非标人群能够更便捷地进行投保。

在理赔环节，人工智能也可以通过图像识别技术快速进行查勘、核损、定损和反欺诈识别工作，大大缩减核损流程所需的时间，有效提高理赔效率，降低骗保概率。

此外，人工智能还可以通过信息搜索自动识别场景中的风险，积极管理避险中的操作风险，提升服务时效和服务质量。

科技对于避险行业的赋能是一个循序渐进的过程。总体来看，目前人联网的科技创新主要应用于避险的运营、理赔、代理人培训等环节，相信未来随着科技的进一步发展，避险行业的更多领域都将得到全方位的改善。

第3节 人联网对避险公司的好处

随着人联网技术的发展和 5G 通信技术的普及,越来越多的实时数据被生成,不仅增强了避险行业预防风险的能力,更扩大了避险保障的范围。在避险产业升级改革的过程中,人联网将起到极为关键的作用。

1. 提高成单率与服务质量

避险公司要想获得可持续发展,就必须聚焦用户需求策略、分析用户结构与消费特征,通过人联网技术在市场上进行差异化竞争。

时代在发展,社会生产力的飞跃让消费者的需求不断增加而且更为多变。相比从前较为单一的商品服务需求,人们更期待可以满足多种需求的服务组合。

由埃森哲调研中可以得知:消费者希望企业能够拿出更能针对自己需求且更能带来广泛体验的产品服务。80% 的客户会通过更换避险商来取得更具个性化的服务,而愿意为此支付较高费用的高达 41%。

人联网时代是一个基于情景感知的定制体验时代,风险单位在社群经济中呈现出微型化及细分趋势。

对此，原先以全面保障为卖点的避险成品不得不随之变革，而个性化定制避险将逐渐成为主要的产品提供方式和服务方式。

要想个性化定制避险，首先得对原有避险成品进行分解和细化——原本全时的，要让它变成短时；原本多功能的，要让它变成专一的；原本面向多方位的，要让它面向单一方位的。至于对风险的预测、估算工作，更要小心精确。

改造完原有避险成品后，就要通过对接消费平台获取用户行为和消费场景数据了。对这些信息进行大数据分析，判断出用户需求后再有针对性地进行避险产品服务的推送。

需要注意的一点是，避险是要转移未来可能发生的风险，而不是让高额保费成为消费者的经济负担。不同的年龄，对应着不同的风险。人联网利用云计算、大数据等技术，对不同年龄段的消费者提供适合其需求的产品与服务。

比如，幼年期的孩子一般都有很强的好奇心，加上缺乏对危险的分辨能力，就很容易发生各种意外。常见的摔伤、烫伤、动物咬伤还好，万一碰到易残身故的意外，意外险就是重要的保障。除此之外，小孩子一旦遇上白血病、脑膜炎等少儿易发的大病，就要承担一般家庭难以承受的高额医药

第3章 人联网避险如何个性化定制

费用，容易引起因病返贫。对此，大病险是一个不错的医疗保障。

因此，人联网通过收集大数据，可以将在不同气候生活的、不同地区成长的孩子的意外发生率较高的风险分析出来，以做到未有意外先预防，有了意外有准备。同样，这样的技术手段也可应用于成年人、老人身上，对于不同健康状况、不同职业的常见疾病也可以先做预防。

未来，避险行业利用人联网技术所做的个性化避险，其侧重点将落在预防上，实现人人购买避险产品却无险可出的效果。

2. 提高理赔评估的效率与质量

过去客户如果想要购买避险或申请理赔，还需要前往指定办公场所填写文书，现在客户可以直接通过手机应用程序在线提交资料、办理业务，有时甚至可以通过视频电话实时更新信息，非常方便。

大数据可以在理赔数据的基础上实行细分理赔，并在某些情况下实现自动化，而避险公司则可以通过实时访问数据，捕获有关理赔事件的严重程度、原因以及确切发生的时间等信息。

和传统的人工处理相比，运用大数据进行承保与索赔评估不仅速度较快，而且可以让避险公司更全面地了解风险，确定首先要审核的内容。

例如，日本福冈互惠（Fukuoka Mutual）保险公司在扫描被保险人手术和住院期间的病历和数据时，就是通过认知机器人学习的系统来进行的。

此外，印度公司ICIC伦巴第公司（ICICI Lombard）还利用AI技术创建了一个可以在一分钟内完成所有程序的无现金理赔流程。而它们还只是人联网在现阶段的应用，远远没有达到人联网发展的巅峰状态。

3. 预防损失

随着人联网技术的日益发展，云计算的数据处理能力愈发强大，结合区块链抑制风险的技术，可以降低避险企业在风险控制上的成本和损失。

区块链采用的是分布式账本技术，其数据是沿时间轴进行存储的，一旦写入，就会被永久存储。不仅单个节点不可篡改，而且可以进行追溯。分散式数字存储库更能通过提供历史记录来验证用户的真实性，不仅可以保护数据和个人隐私，还能解决了信用中介问题。

例如，不少人因为理赔纠纷往往会对避险印象欠佳。对此避险公司也很委屈，认为用户报案不属于合同约定内容或属于责任免除范围。

究其根本，用户和避险公司之间的纠纷主要还是源于双方信息的不对称和不透明，毕竟查勘和取证既费精力又费时间，不仅会提高避险公司运行成本，还会造成理赔不及时等问题，大大降低用户体验。

区块链技术以公开、透明、真实、有效的方式保护和存储用户信息，提高投保中双方信息交互的准确度和效率，解决了传统避险行业理赔纠纷大和投保效率低两大痛点问题。

由于区块链技术具有信息不可篡改的特点，通过区块链溯源就可以实现投保人和避险公司的数据共享，在大幅降低避险业务的风险和成本的同时，也让避险公司对相关业务的风险定价和风险控制更加准确。

除此之外，应用人联网中的区块链技术，可以在根源上杜绝骗保问题。

要知道，避险公司每年会因为避险欺诈多花不少资金，区块链的共享分类账技术可以将避险索赔转移到不可变的分类账，然后通过整合避险公司的索赔数据来进行欺诈检测，甚至进一步找出并帮助消除这些避险业中常见的欺诈来源。

4. 降低成本

传统避险行业的宣传以线下推广为主，不仅需要聘请大量销售人员，交易生成后还要使用纸质合同进行客户管理，维护客户后台数据时又要花费一笔设备费用；后期处理用户索赔不仅要派遣交涉人员，有时还要借助第三方机构进行标的损失评估，万一认证出错还有可能产生诉讼成本……

这样一整套流程走下来，总体运营成本相当惊人。如果使用区块链去中心化与共识机制，就可以让客户在平台上自主下单，这样后期就可以自动更新数据，而且避险理赔还能在智能合约下自动发生，通过区块链就能直接追溯赔偿标的价值，实现永久性审计跟踪。

在价值链运营的过程中，自动化还可以将理赔流程的成本降低30%，大量节省避险运营成本，从而进一步提高利润。

此外，避险公司还可以通过数据库收集理赔事件、严重程度、原因以及发生时间等用户信息，用以改善用户体验，降低用户与避险公司之间的沟通成本。

第4节 量子健康仪器在健康检测方面的应用

医疗避险是人联网推动转型的重要领域之一，人联网的发展也促进了医学技术的进步，有利于进行自我健康管理，增强疾病预防。

1. 智能设备在健康检测上的应用

随着生命科技的发展，智能手表、腕带等众多用于跟踪监测人体健康的智能设备也相继应运而出。这些智能设备不仅可以跟踪记录健康状况，还能针对各种与生活方式相关的风险进行政策调整。

2014年，本森·霍格兰（Benson Hougland）曾在TEDx演讲中讲述了智能手环如何拯救自己性命的故事。那天他睡到半夜，突然手上的智能手环强烈震动了起来，将他强行从睡梦中叫醒。

醒来的霍格兰呼吸不畅，和智能手环相连接的手机通过语音告诉他血压升高了，必须马上服用两片阿司匹林。与此同时，手环记录下的身体数据和诊断信息被自动发给医生，接到消息的医生评估病情后判断霍格兰需要立即去医院接受治疗，连忙安排急救人员出诊。

和医生交流过后，霍格兰得知急救人员正在路上，然后很快就被送去了医院。最终结果表明，多亏了智能手环的监测和预警，患有心脏病的霍格兰才能快速得到需要的治疗，成功保住了自己的生命。

智能手环属于可穿戴设备中的一种，除此之外，可穿戴健身追踪器也成为避险公司所青睐的工具，成为它们获取用户健康情报的来源。

健康数据智能中心

这种可穿戴的健身追踪器一般会设有激励措施，只要穿戴者每天或每周完成一定的目标步数，就能获得现金等奖励。

这些健身追踪器可以汇报实时数据，通过它们，避险公司可以清楚知悉用户全天的活动水平。除此之外,可穿戴健身追踪器也用于一般的企业之中,可以激励员工运动,维持员工的健康。而员工的健康对公司来说无疑是个巨大的经济激励,这意味着企业将为员工的健康避险支付更低的保费。

根据预测,到 2025 年,全球将有超过 500 亿台智能设备投入使用,而医疗和保健行业的价值也将在 5 年内达到 610 亿美元。以生命科技、人工智能等为技术基础的人联网,其未来的应用场景将涵盖人类生活的衣、食、住、行与生、老、病、死、残,其应用规模和发展前景更是不可限量。

2. 量子检测仪在预知未疾上的应用

所谓量子检测仪,就是指以量子医学为理论基础,通过先进的电子设备采集人体细胞弱磁场,将人体脏腑在身体反射区上的穴位和手腕部脉搏信号以及血液信号变换成对应的生物电数据的医疗器械。

从本质上来说,量子检测仪其实就是一个由运算放大器、单片机、液晶屏等主要元件组成的生物电检测装置,便于操作,简单易学,全程取样快捷、无创伤,结果准确可靠。

医生会将测得的生物电数据与计算机海量数据中的正常值进行对比分析,来判断被测者的健康状况和主要问题。

人联网——开启个性化避险新时代

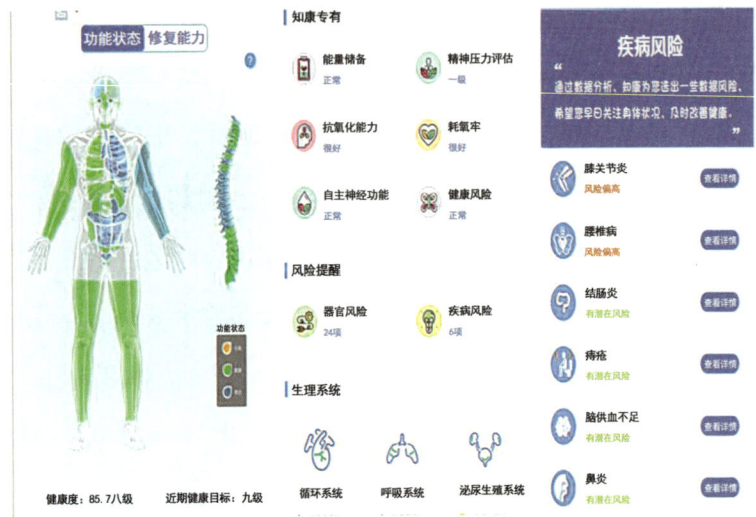

新华康量子检测仪的临床数据

此外,检测系统也会将被检测者档案和检测数据自动保存在计算机中,便于定期复查和全程跟踪调理。

通过量子检测仪的全身检测,可以预知未知的疾病。作为一种新兴的无创波谱检测方法,量子弱磁场共振检测法很适合进行药品和保健品的疗效对比,也可以用来进行亚健康检查。

当用量子检测仪进行亚健康检查时,可以进行的项目主要包括心脑血管、骨密度、微量元素、血铅、风湿病、肺呼吸道、肾病、血糖、肠胃、肝胆、脑神经、妇科、前列腺、骨病、钙铁锌硒等。

3.VR/AR 在避险行业的应用

VR（Virtual Reality）指的是虚拟现实，也就是一种通过计算机模拟程序进行现实世界建模工作，同时做好相应的摄影摄像，以此为基础通过技术加工形成一定的虚拟空间的计算机应用技术。

在实际应用 VR 的时候，必须积极采用声音传输设备、触摸屏、头显等多种设备，这些装备为使用者提供感官模拟的功能，以此让人们可以切实地在一些虚拟世界和环境中体会身临其境的感觉。

AR（Augmented Reality）指的是增强现实，也就是一种叠加复杂的虚拟图像，同时开展一些简单的通知工作的计算机应用技术。

AR 的应用基本上都是在真实世界里进行的，它的应用主要是为了实现虚拟世界和现实世界之间的嵌套效果，同时强化两者间的互动。

近年来，VR/AR 技术的发展对社会进步和经济发展都起了重要的基础性作用，有利于强化社会各行各业的良好发展。目前除了游戏、娱乐，以及影视行业外，已经有越来越多的行业开始规模化应用VR/AR技术，尤其是在手机制造等科技水平要求较高的行业中，VR/AR技术的应用效果相当明显。

VR/AR技术的基本特征是虚拟性。随着互联网技术和计算机技术的不断进步，避险领域的数据海量化，要想实现避险行业的整体发展，就必须发挥VR/AR技术优势，增强保单的购买效果。避险企业可以将VR/AR应用在避险业务中的部分场景，例如将它们应用在销售情景。通过VR/AR，我们可以更真实地向用户展示避险产品，从而促进销售。

此外，避险公司借助VR/AR技术，可以大幅度拓展自身的经营业务，为强化总体的经营发展效果提供良好的前提条件。

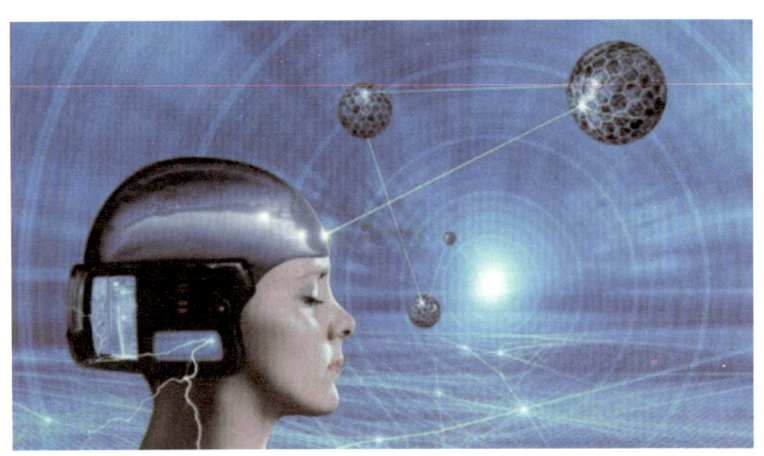

虚拟现实技术

首先，避险公司可以通过VR/AR开展内部风险控制培训，可以有效地推进风险预防工作。

对风险事故的损失进行科学全面的评估，可准确厘定保费费率。

以车险理赔为例，从事车险理赔工作的人员必须掌握全面的车辆知识，全方位地掌握车辆的零件构造，透析车辆内外部结构情况，这就对于员工的专业度提出了较高的要求。

在培训新员工的过程中，公司仅仅需要给新员工提供一副VR眼镜，他们就能够全面观看到车辆内外部构造的所有内容，包含车身内部的传统系统和发动机的内部细节构造等情况。这样能够使新员工快速掌握车险理赔方面的各项基础知识和内容。

此外，金融避险公司还能将VR技术作为关键的指引，为客户选择合适的金融理赔方案提供科学合理的预案。在VR技术中，工作人员能够全面虚拟化场景内容，客户不需要出门就能充分了解产品的各项说明情况，同时可以根据自身的财产收入情况，进行科学化的统计分析，从而提升金融理财的总体水平。

第4章

人联网时代避险行业的应用场景

大数据的公开共享，云计算的大数据分析，人工智能的深度学习，区块链的去中心化管理，生物科技芯片的无死角触点无缝传感，等等，这一切都构成以人联网系统为主的人联网生态圈。避险产品的购买、核保、理赔等一整套运行过程，便是在此网络上的应用场景。

第 4 章 人联网时代避险行业的应用场景

第1节 储蓄型避险

所谓储蓄型避险,就是一种将避险功能和储蓄功能相结合的避险。它不仅可以给避险人基本的避险保障,还能帮助我们进行储蓄。只要在避险期内不发生意外事故,避险公司就会在规定时间返还给避险人一笔收益,就像银行零存整取一样,逐年零存保费,到期以后进行整取。

除此之外,储蓄型避险还具有保费保值、定期返还以及分享红利等特点,可以借助便利的银行销售网络迅速推广开来。

如今有许多银行网点都会和避险公司合作开展避险业务,人们在银行办理业务的时候,就可以直接在营业柜台咨询并购买各种避险产品,有银行强大的安全系统作背书,既能够保证用户的资金安全,又能让用户获得避险公司的分红,是一款非常值得选择的理财工具。

储蓄型避险一般可以分为终身寿险、生死两全避险、年金避险、分红避险、万能寿险以及万能避险等六种。

1. 终身寿险

终身寿险的避险期十分长。被避险人只要投保成功,无论何时因意外事故死亡,避险公司都要按照合同给付避险金。

2. 生死两全避险

生死两全避险的给付情景有两种：一种是被避险人在避险期限内死亡；另一种是被避险人在避险期限届满时生存，避险公司需要根据不同场景按合同给付金额数目不等的避险金。

3. 年金避险

所谓年金避险，就是指避险公司需要在被避险人生存期间，按照合同约定的金额、方式和年限，定期给予避险金。

4. 分红避险

分红避险的投保人在每个会计年度结束后，会以现金红利或增值红利的方式，得到一定比例的分红避险可分配盈余。

5. 万能寿险

万能寿险的缴费方式灵活，而且金额可以调整，是一种相当于定期寿险和"保底的债券基金"相结合的避险产品。

6. 万能避险

万能避险提供的是人身避险保障，当被避险人身死或身残时，避险公司会按照合同规定给付基本避险金额或者保单现金价值。需要注意的是，万能避险一般不具有意外伤害、医疗费用等方面的保障作用。

通过上面所述，储蓄型避险产品拥有两大功能：一方面是发生意外时，享受高额避险金。这一点在前文中已有详细说明，不再赘述。另一方面是作为储蓄理财，让资产增值。

欧美消费文化的渗透，以及国内一些机构的鼓吹，加上电商购物节的消费诱导，导致很多年轻人成为当月薪水当月花完、名副其实的"月光族"。他们一年到头都在买"优惠"，甚至钱不够花，寅吃卯粮，通过不正规的平台网贷来满足消费需求。

发生这些乱象的根源是：很多用户风险意识薄弱，也不会对资金做长期规划，欠缺理财意识。

当 Alpha Go 以 3∶0 的总比分战胜排名第一的世界围棋冠军柯洁时，人工智能机器人强大的学习能力令世人惊叹。Alpha Go 能在围棋上取胜，那么是否也可以在金融投资上战胜股神巴菲特呢？

避险企业利用人联网技术，建立以人工智能、大计算、生物芯片等先进科技手段为主的投资交易网络，运用策略网络、科学决策、价值网络、蒙特卡洛树搜索（Monte Carlo Tree Search），帮助储蓄型避险资金在性价比低、波动性大、随机性强的金融市场数据之中，挖掘出真正的规律，找出盈利的方法，从而为储蓄型避险产品的受益人带来丰厚的回报。

在未来的人联网平台上，投资不再是充斥欺诈、赌博的疯狂游戏，而是变成人人都能参与，都有智能投资顾问提供个性化理财建议，并让每位参与者都能分一杯羹的正和游戏。

第2节 保障型避险

所谓保障型避险,就是指具有保障功能的避险。该类产品的特点在于费用低、保障高,只要投入不多的避险费用就可以获得较为有效的保障力度,超高的性价比也让它广受普通消费群体的喜爱。

保障型避险分为两种:一种是以财产或利益为保险标的的财产避险,另一种是以人的寿命和身体为保险标的的人身避险。

所谓财产避险,指的是以财产及其有关的经济利益和损害赔偿责任为避险标的的避险。投保人定额交付避险费,当被避险的财产及其有关利益遭遇自然灾害或意外事故造成损失时,避险企业应根据避险合同的规定,向被避险人或受益人给付避险金。

财产避险种类众多,广义的财产避险包括财产损失避险、责任避险、信用保证避险等在内的各种非人身避险,而狭义的财产避险仅指与各种具体财产物资相关的财产损失避险,如车险、房险等。

所谓人身避险,指的是以人的寿命或身体为避险标的的避险。投保人定额交付避险费，当被避险人遭遇意外事故或疾病丧失工作能力、伤残、死亡，或被避险人避险期满时，避险企业应根据避险合同的规定，向被避险人或受益人给付避险金。

当遭遇意外事故时，人身避险是得到物质保证的重要形式之一。在财产避险中，避险公司只需要赔偿避险标的损失；而在人身避险中，避险公司承担的是给付责任，不问是否有损失与损失多少，因此人身避险通常都是定额避险。

人身避险主要包括人寿避险、健康避险、人身意外伤害避险等。

1. 人寿避险

人寿避险简称寿险，避险对象是人的寿命。如果被避险人在规定的责任期内生存或死亡，避险公司就会根据合同给付一定的避险金。

根据保障期限，人寿避险可以分为定期寿险和终身寿险。这类避险产品很适合家庭经济支柱投保，一旦发生意外，家人就能获得高额赔付应急，可以在短期内维持家庭正常生活。

2. 健康避险

健康避险的避险标的是人的身体，如果被避险人因为遭遇疾病或意外伤害，避险公司就会根据合同给付一定的避险金，补偿被避险人因伤病产生的费用或损失。重疾险、医疗险等都属于健康避险。

3. 人身意外伤害避险

人身意外伤害避险的避险标的也是人的身体，如果被避险人遭受意外伤害导致残疾（或死亡），避险公司就会根据合同给付一定的避险金。

和健康避险不同，人身意外伤害避险承保的是因意外伤害而导致的伤害，不承保因疾病而导致的伤害。该类避险所保障的意外风险必须是外来的、非本意的、突发的、非疾病的，而且意外事故的发生与被避险人受伤害的结果必须具有内在的必然联系。

人身意外伤害避险的基本责任是意外死亡给付和意外伤残给付，派生责任则包括医疗给付、误工给付、丧葬费给付以及亲属生活费给付等。

按照传统避险企业的模式，避险销售人员完成一笔销售至少需要5次以上面谈，这将花费大量时间和人力资源。要想解决以上痛点、提升产能，就必须引进人联网技术进行数字化管理，通过销售线索管理、代理人日程管理、智能顾问、自动服务等改革全方位提升效率。

未来避险行业将通过人联网技术进行更多的自动化直通式处理，在数字化和选择过剩的时代，公司也将不再只通过代理销售人员的私人关系进行销售，而将更多地依靠强大的品牌形象和多元化价值定位进行精准营销。避险公司必须着眼于客户多样化的健康和财富需求来提供产品，学会运用数据分析进行产品创新，同时和其他行业公司开展合作，不断开辟新的销售渠道。

例如，通过智能手机和可穿戴设备收集客户的睡眠信息、位置信息、运动信息等数据，然后协助避险公司追踪用户档案，为客户打造个性化专属避险产品。同时，避险企业也能通过人联网技术整合车的数据、人的数据和家的数据，构建一体化的产品服务平台。在这个平台，客户可以通过购买不同险种积累积分，并通过积分系统兑换不同的权益。

避险行业本质上是以"大数法则"为根基的服务性金融行业，其特性正好与区块链、云计算、大数据、人工智能等人联网技术相匹配。

利用区块链同态加密、零知识证明等功能，可以通过对客户信息的加密、核验和授权共享，将客户的敏感信息管理权真正交还给客户，并且通过分布式账本的记录、签名和脱敏就能管理客户账户，可以在严格保护客户隐私的基础上实现客户信息在不同行业、不同机构间的数据共享，不仅能大大降低管理和协调成本，还可以有效提高应用效率。

由此我们可以知道，驱动区块链、人工智能等技术充分使用的必要条件，离不开大数据、云计算的发展。

而人联网发展的基础是数据共享和利益相容。所谓的大数据，不仅仅是简单的数据收集和堆积，更是通过跨界融合关联和比对进行的综合分析。要想发挥人联网技术的最大价值，单靠一个企业、一个项目是完全不够的，必须建立一个全维度的大数据共享生态系统。

在这个共享生态系统中，可以引入汽车、房产、医疗、气象、交通、消费者等外部数据，同时和科技公司进行数据交换，有效发挥外部数据在避险行业中的应用，让车险、房险等财险与人险一起建构避险生态圈。

近年来，避险行业也在通过大数据技术进行数据标准化建设，以实现跨行业数据标准的体系化。避险行业的数据规范体系建设，可以联系汽车、房产、医疗、气象、交通等避险行业相关领域之间的零散信息数据，让不同领域都可以从中受益，让数据沟通更便利。

大数据技术的渗透作用和贯通作用还可以加强数据整合

共享，打破信息孤岛，让数据源头分散不再受限制，进一步促进大数据融合。

避险企业的保障型险产品只是这个生态圈中的一环，也正因为人联网生态的强大，才能使避险行业的各大企业之间有深化合作的体制机制，使消费者能够更安心地使用避险产品，从而促进避险产业的数字化和智能化，推动大数据驱动下避险产业的价值有效转化，最终真正构建起富有效率、价值和前景的避险生态圈。

第3节 教育型避险

所谓教育型避险,又称教育金避险,顾名思义,是用来帮子女准备教育资金的避险项目,可以针对孩子在不同成长的教育需要提供相应的资金帮助。

教育避险不仅可以进行强制储蓄,还兼顾一定的保障功能。一般来说,教育型避险所针对的对象是0~17周岁的青少年,最低要求出生满7天且已经健康出院的婴儿。

教育避险金的现金返还主要有三种形式:

1. 隔年返还

所谓隔年返还,就是从缴费之日开始,按照合同规定每隔几年返还一定的金额。

2. 特定时间逐年返还

所谓特定时间逐年返还,就是从合同规定的特定时间开始,每年返还一定的金额,例如从孩子开始上高中或大学开始逐年返利等。

3. 特定时间一次性返还

所谓特定时间一次性返还,就是在合同规定的特定时间,一次性返还所有避险金。

教育避险算得上是少儿避险的一个特殊险种,根据具体避险产品的保障期限,主要分为终身型和非终身型两种类别。

非终身型教育避险一般都是专款专用的,也就是说,返还的避险金完全是针对孩子的教育需求来制定的,通常在孩子的每个重要教育阶段都会返还一笔费用,从而为孩子的学业提供稳定的资金支持。

终身型教育避险考虑的就不仅仅是孩子的教育问题,而是顾及孩子的一生。除了在孩子进入高中、大学这两个关键的学业时间点返还资金外,还会为孩子大学毕业及创业等留出相应的资金。等到孩子年老,更可以化教育金为养老金,从避险公司定期拿到保障金。

根据有关数据统计,近10年来,我国大学生每年的学费和住宿费之和平均已经超过了1万元,按照可支配收入的相对支付能力换算,大概是世界顶尖大学的三倍。如果是一个三口的小康家庭,就算父母都在上班,除去基础生活开支外,孩子的学费和住宿费也要占去家庭净收入的很大一部分,这还没算房贷、医疗费用等其他开支,可见教育现在给多少家庭造成了多大的经济压力。

教育开支已经逐渐成了沉重的家庭经济问题,而在消费主义的冲击下,许多年轻的父母没有长远的理财规划,就把原本打算存的教育基金花个精光。

因此,父母可以根据自己的预期,为孩子选择合适的险种和保额,用来建立教育基金避险计划。计划一旦开始,就要求父母每年必须按照合同及时存入规定的金额,等到孩子达到不同年龄阶段时再分批取出相应的教育金。这样可以有效地帮助父母按住想要花钱的手,存够孩子所需教育的费用。

从本质上来说,教育避险作为商业避险的一种,也应当具有避险的基本保障功能。教育避险有很多附加险种,可以应对疾病、意外伤害以及残疾等来自各方面的风险。在购买教育基金避险时,家长可以选择附加意外避险、健康医疗险等保障险种,为孩子增加一份人身保障。除此之外,一些教育避险产品还拥有保费豁免、理财分红的功能,既可以用充足的资金保证孩子完成学业,也可以在一定程度上抵御通货膨胀的影响。

既然教育型避险产品有如此好的作用,那么究竟应该如何买到适合自己家庭的教育避险产品呢?

只有确定了家庭的实际需求,才能按照需求去选择适合的避险产品。一般来说,选择教育避险无非两种目的:一是满足孩子日后的教育需求,二是为孩子准备他人生事业中的"第一桶金"。

如果是满足孩子日后的教育需求，可以选择定期的纯教育金产品。如果是给孩子准备他人生中的"第一桶金"，可以选择固定返还的教育金避险产品，不仅能够在孩子升学时给予一定的资金援助，还可以选择多种形式进行领取：可以每月小额领取以补充收入，也可以大额领取用于结婚创业，还可以选择终身领取用来养老。

总的来讲，教育型避险产品分为教育功能型与固定理财型。作为理财功能的避险产品如何融入人联网系统之中，前文已经叙述过，这里不再详细介绍。

如果作为教育功能型的避险产品，在人联网、人工智能等先进技术的赋能下，又会发生什么样的变化呢？

在人联网时代，未来的教育型避险产品，不再是一个产品，而是附加了性格测试、特长测评、事业规划等功能的复合型成长孵化器。

以人工智能可穿戴式设备 24 小时连续记录孩子的学习方式、生活习惯、理解能力、想象力、艺术能力等，实现对孩子天赋最完整的数据记录，从而在人联网云计算平台上测算孩子的特长与弱项。对于有学习能力的孩子，可以将其特长培养到极致，以形成更强的竞争力；而对于他的弱项，可以进行有针对性的训练，使弱项看起来不明显。对于学习能力不强的孩子，利用各种考察、游学等实践方式培养其专属的技能。

也就是说，人联网下的避险企业将配合学校承担起孩子未来发展的鉴别工作，并帮助在初中就成绩不佳、在中考中被筛选掉的孩子找到一份既令他们感兴趣又是他们擅长、并能干一辈子的事业。而父母所交的教育型避险金，将为这些孩子的技能学习提供测评、培训、实践的资金。

当然，这些只是教育型避险在人联网中应用的冰山一角。随着5G科技的发展，人联网能够使用的先进科技工具将越来越多。融入人联网系统中的教育型避险必将在基础教育、心理辅导、思维塑造、能力测评、职业规划、管理培训、终身学习等人才成长过程中大放异彩。

第5章

人联网避险的新业态

第1节 人联网避险的新风险与新监管

随着技术迭代的加快和避险行业的产业升级,以云计算、区块链、人工智能等技术为代表的人联网体系正在全面渗入避险业务流程,在提高避险业务经营管理效率的同时,也改变了避险产品形态与服务的交互方式,产生了新的商业模式和避险生态。

1. 避免避险欺诈的风险

所谓避险欺诈,指的就是假冒避险名义或利用避险合同谋取非法利益的欺诈行为,主要包括避险金诈骗类欺诈行为、非法经营避险业务类欺诈行为以及避险合同诈骗类欺诈行为等。

根据国际避险监督官协会的测算,全球每年的避险欺诈金额高达避险业赔款总额的 20%~30%,而我国发生的避险欺诈案件更是超出了平均水平,每年光车险欺诈的涉案金额就超过 200 亿元。

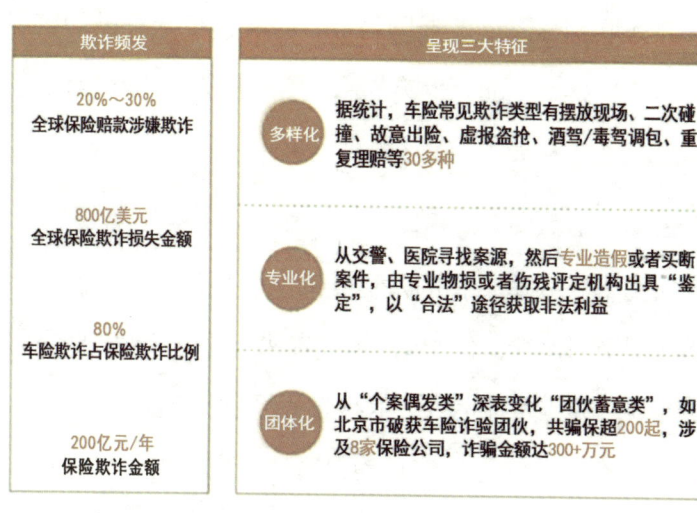

避险欺诈的主要特征

传统避险欺诈主要集中在车险、农险、仓单质押避险等线下业务，其中汽修厂作案和驾驶员顶包案件占据主导地位。此外，意健险（人身意外伤害险和健康险的综合简称）、企财险欺诈风险也在不断上升，因作案手段日趋隐蔽、查证困难，也加大了避险公司和行业的反欺诈工作难度。

除此之外，线上互联网渠道的意外险、健康险、航班延误险等业务成了避险欺诈的重灾区。

要想避免避险欺诈的风险，就必须进一步发展区块链技术。除了解决金融、科技行业的难题外，区块链技术也可以解决信用管理、社会管理等关乎社会民生的问题。

在人联网体系下的避险行业，区块链技术可以加密保护存储的共享数据，进一步防范信息不对称的风险和信任危机，有助于防范避险欺诈、追踪医疗记录。

2. 避免信息安全的风险

所谓信息安全，指的是信息网络的硬件、软件及其系统中的数据受到保护，不被偶然地或者恶意地破坏、更改、泄露，系统连续可靠正常地运行，信息服务不中断等。

信息安全主要包括信息的保密性、完整性、可用性、不可否认性和安全认证五方面的内容，其根本目的就是让内部信息免受外部威胁。

所以，要求在信息系统的整个生命周期中，通过对信息系统的风险分析，制定并执行相应的安全保障策略，从技术、管理、工程和人员等方面提出安全保障要求，以确保信息系统的保密性、完整性和可用性，降低安全风险到可接受的程度，从而保障系统实现组织机构的业务。

面对人联网避险面临的信息安全风险问题，避险行业在人联网系统之中，将能快速制定行业建设标准、进行科学的系统建设规划，并通过加强培训和管理提升信息安全保障水平，防范化解信息安全风险。

(1)制定行业建设标准

目前,我国避险行业还没有统一的信息安全建设标准,这就导致各大避险公司在组建安全保障体系时有着很大的随意性,有时候想到才开始建设,有时候要等到出问题才开始建设,这种随意性会让避险企业长期处于危险之中。

因此,以人联网区块链、大数据、云计算为应用工具的避险行业,将配合国家相关部门,能够做到对照信息安全建设标准进行自查、评估和整改,并定期评估和检查各避险公司信息安全建设情况。所有的避险公司将在人联网体系一安全标准,设置进入门槛,并对不达标准的避险企业进行劝退,这样才能对避险行业做出统一规范,才能有效提高避险信息的安全保障水平。

(2)进行科学的系统建设规划

通过大数据抓取海量数据,在云计算之中筛选、分析,专家团队就能够全面掌握避险企业运营过程中的教训与经验,吸取教训,复制经验,从而制定出符合国家政策、适应时代趋势、有利于避险企业成长、为用户产品增值的系统规划。

(3)加强培训和管理

许多信息安全问题都是由内部管理不善引起的,因此纳入人联网体系之中避险企业,通过人工智能的智能抓取技术与区块链的信息溯源技术,就能够加强避险员工的培训和管理,提高员工的安全意识及安全责任感,并能对培训的效果进行阶段性考核和反馈。

(4)加强信息安全保障体系建设

利用区块链和人工智能数据加密、身份认证、入侵检测以及建立数据备份中心等技术和手段,建立涵盖网络交易全流程的信息安全保障体系,确保网络避险运作过程中信息的有效性、身份的真实性和计算机系统的可靠性。

3. 避免金融安全的风险

所谓金融安全风险,指的是避险企业一定量金融资产在未来时期内预期收入遭受损失的可能性。因此,避险企业必须重视金融风险的防范工作,完善金融避险集团监管制度体系,加强系统重要性避险机构和偿付能力风险监管。

(1)充分发挥全国金融稳定发展委员会的作用

我国的金融稳定发展委员会主要面向四个方面:影子银行、资产管理行业、互联网金融以及金融控股公司,其中有三个方面和避险行业息息相关。

避险监管部门应当充分发挥全国金融稳定发展委员会的作用,加强与其他金融监管部门的合作与协调,通过宏观审慎监管和功能监管,从资本、流动性、杠杆率、风险管理等方面出发,对大型复杂金融机构、产品和服务相关的金融风险进行有效的识别和监测。

（2）完善金融避险集团监管制度体系

有关部门必须监管避险行业的资本计提要求以及集团和其子公司的偿付能力，同时开展国内系统性重要避险机构的评定工作。保监会可以从资本端、资产端、负债端、服务实体经济和有效实施的基础环境等方面入手，对金融避险集团进行穿透式监管，进一步健全和完善避险业系统性风险的监管制度体系。

（3）尝试开展避险业整体性压力测试

通过开展避险业整体性压力测试，可以全面评估在高风险压力情景下各大型避险机构和避险集团的资本需求，为防范化解系统性金融风险提供帮助和智力支持。

（4）加强对创新型非传统避险业务、资产端和避险资金运用的监管

对于利率敏感性避险业务、高现价中短存续期避险产品以及创新型信用避险保障业务等负债端必须加强监管。与此同时，也要注重监测另类投资性资产的相关风险，重新梳理避险资金运用监管政策。

避险资金的运用业务及产品结构相当复杂，必须密切关注企业隐形债务风险，防止资管产品和业务跨行业、跨市场、跨区域传递而形成的系统性金融风险。

在未来,避险企业应用人联网多项技术,将能够对避险的服务范式、风险定价机制和风险管控模式起颠覆作用。

首先,拓宽避险领域的监管范围。利用人联网系统下的智能飞行器、纳米安防机器人可以在宏观与微观两个方面对监管对象实施24小时动态监控、记录,并将与避险相关的科技公司、数据提供公司,甚至避险产业链条上的汽修厂、4S店、医院、健康机构等全部纳入监管范畴,实现全天候、全方位监管,从根源上杜绝风险的发生。

其次,完善消费者权益保护机制。利用人联网系统下的区块链技术对避险公司及互联网销售渠道进行信息披露,确保服务条款显著化、透明化。此外,对避险产品进行前期测试,充分告知可能引起歧义或误解的条款,同时制定针对避险业发展的数据安全法律,确保相关数据能够合理应用。

最后,强化避险监管技术支撑。未来,在人联网的系统下,监管科技除了传统的信息系统抓取外,还可以利用机器学习、人工智能、分布式账本、生物识别技术、数字加密以及云计算等技术提升监管效能。

总而言之,监管科技、监管法规和市场规则共同组成了人联网避险科技应用的根基。只有利用它们形成新避险体系运行基础,才能支撑"新避险"的健康运行。

第2节 人联网避险的设想

人联网是一种重构人类社会的新生力量,它随着科技的发展而逐步走向成熟。未来由互联网、物联网、智能设备、智能触点、消费群体相互通信而形成的人联网将成为全球生态系统的重要组成部分,不断渗透到包括避险在内的实体和虚拟行业当中。

1. "人"险+"物"险构建的避险大生态网战略

"人"险是包括人的健康、老去、意外等一切关于人肉体与心灵健康的险种。

"物"险是包括车险、意外险、财产险、责任险等一切关于人身外之财的险种。

总的来讲,避险产品就是"人"险与"物"险两大险种,只是出于功能要求,有更详细的区分。

"人"险最终的使命是从"保人健康"到"保健康人",也就是从"有病才治"到"未病先治"。

避险企业利用人联网生物科技、区块链、大数据、云计算、量子技术等先进技术,在人体装上量子传感器、量子磁力仪、人体芯片、智能手环等微量设备、芯片设备与可穿戴式智能设备,以 VR 技术实时、清晰地呈现客户的真实影像,从而能够监控客户的健康数据,并对其进行科学分析,做到把危害健康的疾病扼杀于萌芽之中。也就是说,在未来世界中,人们一般不会得病,因为早在病症显著之时,已经治好。只有极少数"黑天鹅"病例,才会在全天候、全方位的监控中没有被分析出来,而是突然、意外地发作。

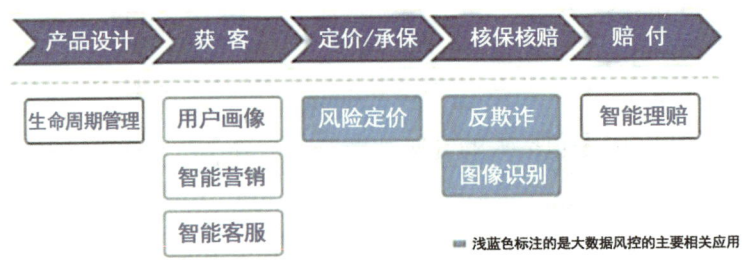

避险领域的大数据应用流程

"物"险最终的使命是从"保物安全"到"保安全物",也就是在财物有风险隐患之前就已经提前预知、纠正,避免客户财产损失,避险企业也无单可出。

也就是说,人联网体系下的避险企业充当的不再是理赔的角色,而是充当扼杀风险、陪伴客户、贴心保障的顾问与保姆。

基于这种使命,形成天、地、人三网合一的人联网将推动万物互联互通商业模式的构建,所有的数据、资源将共享、联动,一个触点可以连接万物,万物也将运行于一个触点。人联网技术支撑的人联网生态圈将成为所有参与者都能受益的多维的价值矩阵(其中包括人联网体系下的"避险新生态"的"人"险和"物"险),使得企业与用户、人与人、物与物、人与物之间不再是二元关系的价值链,而是你中有我、我中有你的一元关系价值链。

2."人联网+"时代下的避险无处不在

在人联网时代,避险企业不复存在,或者说避险企业无处不在。风险防范已成为人们可以随时随地都能做到的事情。

行走在街道,安装于体内的芯片以及安装于体外的纳米传感器,将对在你"感觉"覆盖下的所有人、所有物进行自动识别与数据处理,并提供科学、系统、正确的分析结果。空气温度多少,湿度多少,以现在风力大概多长时间下雨,全部尽在掌握。迎面而来的行人的情绪状态、健康状态,有没有传染病将一目了然。后方行车的动力、速度,以及驾驶危险程度等一切信息上传于系统平台上。

当然,屏蔽个人信息的除外。而对于本人来讲,自己的心跳值、血压值等健康指数也尽在掌握，无论是来自个人健康的风险，还是来自不可抗力的未知风险，全部都呈现于数字之中。

知数而知风险，避风险。

所有这一切都将在人联网的完全理想状态中得到实现。

具体到当下及未来三五年，人联网能为避险企业做哪些改进呢？

在智能互联的现实世界，避险公司通过人联网获取了空前的数据获取能力。与此同时，人联网的智能感知和控制功能也改变了避险风险管理的思维方式，从产品的研发、定价、销售、投保、核保、理赔到防灾防损等各个环节入手，通过融合创新与应用推进传统避险经营模式转型，给避险业注入创新活力和服务价值。

人联网避险的所有风险标的都要通过射频技术在数据层面予以识别、采集、传输和自动化管理，并将整个风险管理过程彻底"数字化"。谁能实时地触及客户，谁就能拥有关于客户与产品的大数据，谁就将成为生态中的主宰。

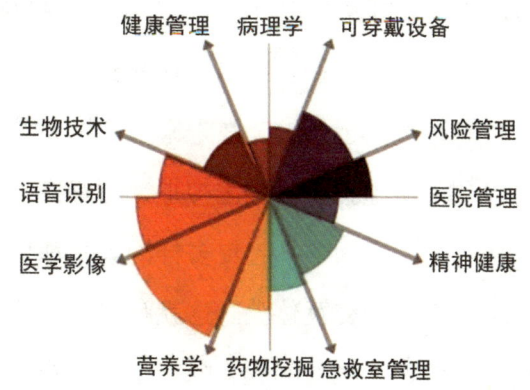

医疗领域中人联网 AI 技术的应用场景

费率厘定、核保、投资、再避险、理赔……在与人、与各种终端设备发生交互的核心业务流程中,数据将作为避险风险管理的链条和要素进行渗透工作。

只是对于数据的收集与抓取,我们目前仍然处在物理接触的层面,目前的人联网技术仍然属于幼年期。使用者难以在物理上和内容上进行更深层级的接触,无法获得全面及真实的感知,自然会在感叹技术先进的同时察觉到其中的机械感。

要想获得更完整的真实体验,就必须获得真实世界的支撑。未来随着人工智能的发展和虚拟现实技术的进步,技术或许可以打破感知层面的局限,能够更加"真实"地存在,并能够如同真人一般与客户进行交流,并得到情绪的反馈。

比如,避险业务员现在已经可以在线和客户看到彼此并进行沟通,但是这还远远不够。在未来人联网系统之中,我们可以将自己创建的虚拟场景和虚拟形象"真实"地展现在彼此面前,让人与人之间建立起更多样的关系和更丰富的表达方式,实现更真实的交互体验。这就解决了避险企业与用户之间如何建立信任关系的问题,降低了避险企业投入大量人力资源去获取信任的成本和风险。

此外,人联网还将通过共享经济,从根本上改变避险标的的险别性质,将各个行业重塑为互联互通的生态系统,使避险工作互联互通,让行业界限大大模糊,以打造贯穿各行业、各层级,将客户衣食住行所有风险控制纳入其中的生态平台。

为此,避险公司将在更广阔的生态系统中更新自身的生态角色,并进一步向远程医疗、药品查询、急救、卫生监督等领域延伸,以在最大限度上帮助化解客户健康上的风险,保障客户的权益。未来避险企业将不仅是人联网信息标准的参与者,更是数据应用生态的倡导者甚至主导者。

3. 趋吉避凶是人类生存永恒的话题

从远古到今天,人类的技术在发展,生产力也在提高,对世界的认知也在提升。但是在行为、决策的方式上,无论是远古茹毛饮血的古人,还是现在西装革履的现代人,都没有变的,是遵循趋吉避凶的原则。

福兮祸所伏,祸兮福所倚。中华太极文化认识福与祸并不是绝对的,福和祸相互依存,可以互相转化。凶比险更严重,台风、地震、海啸来了,你还保吗?"保险"一词是西方人的专利,单项思维,不严密,甚至是严重错误,应该还给西方。东方人讲的是趋吉避凶,是辩证思想,道法自然。趋吉避凶与保险有本质上的区别,生活中风险无处不在。中华民族是在凶险中转危为机、生存繁衍发展下来的。避险是中国人的发明,中华子孙应该让趋吉避凶造福全人类。

在情感、婚恋、置宅、创业、外出、合作、官司等方面,现代人遇到的困惑,其实与古人并无二致。如同爱情是影视中永恒的话题一样,趋吉避凶也是人类生存永恒的话题。

为什么人们都追求趋吉避凶?

因为吉利让事物成长、壮大,而凶险可能让事物受挫、夭折。凡是吉利的事情,让人获得满足与快乐;凡是凶险的事情,让人感受烦恼与痛苦。每个人都在追求快乐,逃避痛苦。但是,痛苦的根源往往是因为人在追求快乐。

快乐不常有,痛苦不常在,只因世界处于不断的变化之中。

正如唯物辩证主义者所认为的：唯一不变的东西就是变。

在变中追求不变，我们能获得稳定成长的机会；而在不变中追求变，我们获得竞争、活力与存在感。

快乐永远只存在阴与阳的对撞之中，获得平衡的那一刹那是快乐的，然后就是和谐的平淡。

利益的得与失，决定了快乐与痛苦的归属。得利时，快乐；失利时，痛苦。

经济上的获得、事情的吉利，以及心灵的幸福、满足和快乐。这些所有的利益，我们统称之为吉利。相对应的，所有关于失去、挫折、磨难、损失等，我们称之为凶险。

所谓的趋吉避凶，我们趋向的是吉利，避免的是凶险。吉利与凶险既有一些变化的内容，但也有不变的内涵。比如人身的健康问题，这是不变的东西，所有人都关心自身健康、家庭健康、事业健康。但是健康问题针对每一个人，是变化的。也许有人得了肺癌，有人得了胃癌，这是不同的。因此，在人生的风险之中，不变含有变，变中又孕育着不变。

正因为变，所以任何事物都在运动；正因为运动，所以任何事物的运行轨迹、方向及终点都是不可确定的；正因为凡事不可确定，所以我们失去了对事物的掌控力。

变化的永恒性，令我们失去了"确定性"，也失去了"控制力",这才是一切风险的根源,也是之所以要趋吉避凶的真正原因。

风险可怕在未知、严重、损失巨大。未知的风险不期而至,让我们惊慌失措,甚至击垮我们的心理,造成不可逆的心灵创伤。严重的风险突然降临,会让人失去生活信心、坠入绝望的深渊,从此生活只有黑白色。损失巨大的风险一旦来临,会让人再也无法站起,濒临自我毁灭的边缘,甚至产生轻生的念头。

未知的风险可不可以预防?严重的风险可不可以降低风险程度?造成了既定结果的损失巨大的风险可不可以挽回部分损失?

答案是可以的。

为了应对健康、生活、工作上的风险,人类发明了避险产品。通过我为人人、人人为我的金融分配机制,以最小的支出达到分摊最大风险的目的。但是,这只是理想的状态,实际上,不是每个人都有避险意识,也不是每个家庭都支付得起避险产品的费用,更不是每个人都能购买到符合自身情况的避险产品。

因此,我们提出人联网开启个性化定制保单的概念,就是融合互联网、物联网、区块链、5G、云计算、数字金融、人工智能等所有现代高科技，在个性化定制保单的实践应用层面实现五大功能：（1）以人为始终的能量联接；（2）无限分级能量逐层放大；（3）搜索引擎目标精准优化；（4）云量信息数字管理技术；（5）万物互联互通循环平衡。

人联网避险科学将以人为起点，以人为终点，以终为始，无限循环。既能够智能化地获取、分析用户自身的大数据（对内，人险）与身外的大数据（对外，物险），也能够精准优化大数据，围绕人的需求，提供个性化定制避险服务。

无论对内，还是对外，人联网都可以做到感知、监测、获取、分析风险，从而趋向吉利，避免凶险。即便有凶险与意外，人联网也能够通过智能算法制定避免风险扩大的对策，以微小成本避免巨大损失。

自然是如此神奇，它可以给我们无限的可能和意外，但是，有所准备的意外不再是意外，有应对策略的风险也就不再是风险。

趋吉避凶，是人类生存不朽的话题。人联网开启个性化避险的新时代已经来临，你我让它流行吧。

后记

笔者发现,计算机原理与太极原理有点相似。太极生两仪,两仪生四象,四象生八卦,八卦演化出64卦。两仪就是阴阳,用数字表达也就是0,1。64卦进二制矩阵与计算机二进制矩阵如下:

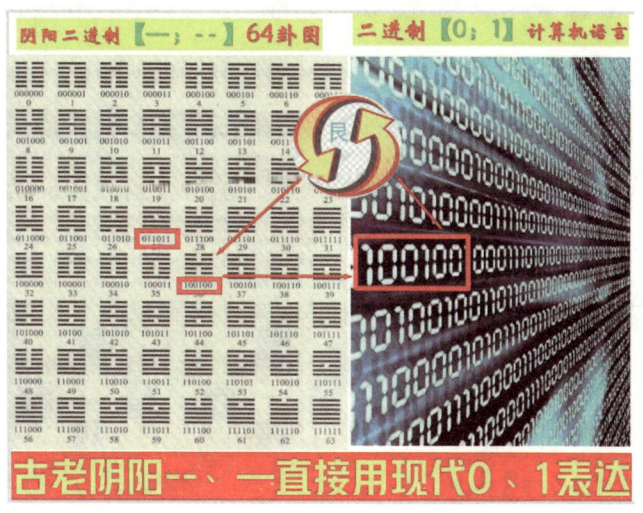

笔者从2006年起就一直在研究人联网,提出了人联网的定义、理论、技术和方法,发表了人联网系列论文,并将之应用于实践。人联网1分钟内可以测出顾客400多个健康指标,

10分钟内可以帮顾客找到自己是谁、从哪里来、要去哪里、肩负什么样的任务和使命,帮助顾客认识他人,实现小范围的万物互联互通。

互联网、物联网、人联网同时存在,只不过人类研究的是从看得见的物质到看不见的信息,再从看不见的信息到看得到的物质。这一轮网络研究把人给丢了,没有把人与物和信息联接在一起,所以这一轮网络研究是断裂的。只有把人联进来,才能完成网络科技的闭环,人类才能进入新一轮的循环。随着5G、区块链、人工智能、互联网、物联网等科技研究的深入,我相信,人联网必将盛行于全世界。

智慧是人类区别于其他生物的特质,人类的一切活动都是为人服务的。我们种庄稼给人吃,盖房子给人住,做衣服给人穿,制茶给人喝,什么东西都离不开人。没有人,所有的一切活动都没有任何意义。人工智能,其实就是万物模仿生命来传感人,让人来感知物。我们所有的科研和创造都是在模仿人的眼、耳、鼻、思维等来扩大人的感知功能。感知、传感让万物互联互通,把人找回来。比如,把中医进行互联网、物联网、人联网化,就可以实现中医数字化、中医升道医、道医升天医,真正体会中医的神奇。

人联网告诉我们,人本身就是一个高能量的发射器和接

收体，可以接受大自然生物之间的信息。皮肤表面的微神经感应系统就像一座生物雷达，可以传送和接收各种能量。

　　我们以医学为例。人本身就是一台高精尖的诊断仪器和治疗设备。在诊断方面，西医大型的诊断设备，像核磁共振，只能测到人体某个局部的信息。而中医的望、闻、问、切、叩，加上哲学思辨，不仅可以看到肉体的疾病，还可以知道是先天遗传疾病还是由环境因素引起的疾病。在治疗方面，人体本身就有免疫系统和自我修复的能力。随着时代的发展，人们的时间比较紧张，不可能像古人那样在深山老林里面，练功几十年，与自然融为一体。所以，人联网与自然和谐共处，万物互联的力量将远大于单个物体的力量。

李玉田
2021 年 12 月

读者推荐（下）

除了律师和医生，未来的家庭都将配备一名避险顾问。人联网避险生态圈，为每个家庭的生活、医疗、工作、养老保障提供了实践的可能。

新华保险集团厦门分公司副总经理　史玉岗

作者将"保险"一词改为"避险"，是中国传统文化的生动体现。虽然人们的避险观念一时还很难转变过来，但是人们在社会生产、生活中获得利益后就会主动去改变旧观念。

福建远大律师事务所律师　林宝慧

如要让风险可预见、可计算、可控制，只有借助先进的科技才能做到。人联网就是各种先进科技的集大成者，相信在它的加持下，避险行业的发展会越来越好。

新华保险厦门公司培训部总经理　李亦记

为了防范无处不在的风险，我们发展了避险行业。随着移动互联网时代的到来，避险行业也在不断与时俱进。本书作者道出了避险产品的本质：以人为本，全方位地防范风险，保障用户的权益。

厦门花景山食品公司董事长　李海

天有不测风云，人有旦夕祸福，风险在所难免。意外、重疾和变老，是人生中常见的三大坎。做好避险管理，才能无往而不胜。

新华保险集团厦门分公司总监　柯顺杰

未病先防，无险可避，人人自由、健康、富足是避险行业所要实现的最终目标。

泉州卫校原校长　杜翠琼

作为一种古老的社会和市场制度安排，避险已有数千年的历史。把避险事业做好，是关系国计民生的大事情。

北京文化创意产业投资商会副会长　杨纯财

用数字技术、人工智能、人联网等先进科技赋能避险行业，本书做出了有益的探索。

新华保险集团北京分公司　郑燕萍

核保难、理赔难等问题一直是百姓抵触避险产品的重要原因。如何建立避险企业与消费者之间的信任关系，本书提供一套完整的可参考的做法。

泉州国专医院原院长　　陈榕生

　　这不是一本卖避险产品的书，但是对避险企业与消费者极为重要，因为本书讲透了避险的本质和未来。

泉州北大总裁经济促进会会长　　曾文山

　　能够伴我们一生的，除了伴侣，还有避险。每个人都要花点时间来了解它，这样人生才可以走得又顺又稳。

厦门市易学研究会　　林修凤

　　个性化避险是避险的发展趋势。本书将区块链、5G、大数据、云计算、互联网、物联网、人联网等现代高科技应用于避险行业，达到精准避险，并预测避险行业未来的应用场景，非常值得阅读。

厦门大信财务管理公司董事长　　赵彤

　　人生就是一段旅程。我们既要用工作来"进攻"，也要

用避险来"防守"。攻得再好，没有防守是不行的。

厦门忠君事务所 福建商标专家　洪意志

人生的最大打击莫过于一场意外，它可能会导致我们十几年的辛苦都白费了，避险的重要性可见一斑。本书最大的贡献是为政府、企业、百姓提供解决避险难题的方案，让人人树立避险意识。

平安保险集团五处创始人　李成

现在很多产品都实现了"买产品就是买服务"的功能，人联网也将助力避险行业实现这一目标。

新华保险集团厦门禾合区区长　彭志文

未来，个性化定制避险产品与服务，将在天、地、人三网合一的应用场景中得到实现。智能化保单、核保、理赔，为每个人的生活、工作保驾护航。

厦门财智领袖导师　袁一峰

避险是辩证思维。有风险时，可以最大化减少损失；没有风险时，可以最大程度获利。趋吉避凶是人类永远的追求。人联网试图提升人们的风险防范意识与风险预防水平。

铭山厦门俱乐部创始人　林铭山

中国人口老龄化问题日益严重，如何养老成为人人非常关心的问题。人联网推动避险行业数字化、智能化、人联化、个性化的举措，值得大力提倡。

厦门市政集团　肖巍

作者认为有重疾时再去购买避险产品已经晚了，因此提出一套在未病时就可以测知疾病的系统与方法。如果能够将之普及，这将是一件利国益民的大好事。

厦门技师学院原副院长　缪红玉

风险不是一人、一家、一省、一国能解决的事。抵御重大风险需要全世界的力量。人联网连通全人类，运用高科技力争实现"一人为众，众为一人"、人人安全、自由、富足的大同世界。

超G名片厦门总裁　叶专

上册内容介绍

  继互联网、物联网之后，人联网即将开启。只有这样，网络科技发展才能闭环，人类社会发展才能波浪式前进、螺旋式上升，这是自然规律。我们做衣服给谁穿？盖房给谁住？世上一切生产活动都是为人服务的。没有人，什么都不需要了。最熟悉的东西反而最容易丢掉，网络科技把人给丢了。虽然专家、学者对于人联网的提法并不多见，但是未来的趋势必然是走向人联网以致万物互联的时代。

  本书先梳理互联网发展的历程。互联网经过几轮发展后进入人工智能，给物体以生命，也就是物联网。互联网、物联网没有人来操作它们，谁也不知道它们能干什么。一切都应以人为起点，以人为终点，以终为始，创造未来。这本书把人找回来，论证人联网发展的必要性，科学地阐释了人联网的概念，建立了一套人联网发展的模型，用五大科技成果、以人为始终的能量联接，将无限分级能量逐层放大，实现搜索引擎目标的精准优化，将云量信息数字管理技术、万物互联互通循环平衡技术，从纵向与横向应用于全国行政区划与各行各业，打通了一个个网络信息孤岛，从应用角度展望了人联网的发展前景与万物互联互通的美好新时代。

下册内容介绍

风险无处不在，风险关乎国计民生。本册主要概述了避险行业的发展历程，包括避险的原因、原理、作用、类型等，并简要分析了避险行业存在的问题、避险行业人才培养问题，同时重点阐述了人联网如赋能避险行业和人联网避险如何进行个性化定制，分析了人联网下避险行业的应用场景和人联网避险的新业态。

书中部分照片无法联系到版权方，请版权方及时和我们联系，以便我们支付相应费用。请联系本书封底二维码。